깜짝 놀랄 별미 생물 백과

감수 나루시마 에츠오

들어가며

　우리가 먹는 밥과 반찬에는 동물 고기를 사용한 메뉴가 있어요. 햄버그스테이크나 스테이크 등의 음식들은 여러분이 알고 있듯이 소고기나 돼지고기를 재료로 만들어요.

　이 넓은 세계에는 우리가 당연하게 먹고 있는 소나 돼지 고기를 먹지 않는 나라도 있어요. 반대로 그 나라에서는 일반적으로 먹고 있는 동물 고기를 쓴 반찬이 우리 식탁에는 없는 경우도 있죠.

　이건 그다지 이상한 게 아니에요. 국가의 환경과 문화 차이 중 하나이고, 사람이 많이 모이면 차이가 생기는 건 당연한 일이죠.

　이 책에는 우리가 평소 동물원에서 보는 동물이나 숲과 산에서 마주치는 벌레, 바다 생물이 등장해요. 그리고 그들은 지구 어딘가에서 반찬으로 쓰이고 있죠. 그 반찬은 누군가의 제사 음식일 수 있고, 그 나라에서 예로부터 만들어 오던 요리일 수도 있어요.

　한번 생각해 봐요. 이 세계에 아직 먹어 보지 못한 음식이 있다는 건 엄청 두근거리는 일이 아닐까요?

　이 책에 등장하는 요리를 먹을 기회가 있다면 꼭 한 입 먹어 보세요. 의외로 맛있어서 놀랄지도 모르니까요.

차례 Contents

2 들어가며

제1장 　유럽에서 먹고 있는 생물

- 10 　**가재** 　　겉보기에는 작은 랍스터
- 12 　**달팽이** 　와인 밭의 포도 잎을 먹으며 자라요
- 14 　**순록** 　　썰매 끌기는 물론 고기와 모피도 소중히
- 16 　**돌묵상어** 　몸이 커서 포만감도 최고?
- 18 　**다람쥐** 　나무 열매로 자란 이 몸
- 20 　**가오리** 　지느러미는 선술집 단골 메뉴
- 22 　**말미잘** 　신기한 몸은 쫀득쫀득한 식감
- 24 　**토끼** 　　수렵육 요리의 대표 선수
- 26 　**구더기** 　사람이 먹는 걸 좋아하는 녀석
- 28 　**까마귀** 　프랑스의 유서 깊은 고급 식재료
- 30 　**이리치** 　풍어를 부르는 신의 물고기
- 32 　**개구리** 　프랑스에서 부르는 이름은 '그레누이유'
- 34 　**뇌조** 　　일본의 뇌조는 특별 천연기념물
- 36 　**잉어** 　　첫 잉어는 무슨 맛?
- 38 　**거북손** 　이래 봬도 새우와 게의 친척

▲ 토끼 고기 토마토 수프

제2장 　아시아에서 먹고 있는 생물

- 42 　**장수풍뎅이** 　라오스에서는 다른 의미로 인기
- 44 　**박쥐** 　　바이러스를 옮기니까 먹는 건 위험?
- 46 　**바퀴벌레** 　숲에 사는 건 청결, 집에 있는 건 불결
- 48 　**매미** 　　성충보다 유충이 인기
- 50 　**야크** 　　고기는 식용으로, 털은 모피로

52	불가사리	분류도 맛도 성게랑 비슷해요
54	집오리	다양한 요리로 쓰이는 집오리의 알
56	늑대거북	생태계를 교란하는 요주의 외래 생물
58	악어	보기와는 달리 고기가 담백해요
60	쥐	야생에 사는 건 먹을 수 있어요
62	원숭이	뇌수가 고급 식재료로 쓰인다고요?
64	물장군	암컷과 수컷의 냄새가 달라요
66	물방개	점점 사라지고 있는 수생 곤충
68	전갈	식용 전갈의 독은 먹어도 괜찮아요
70	누에	사람의 도움 없이는 살지 못해요
72	공작	일본 이시가키섬에 많이 있어요
74	지네	지네 독은 열에 약해요
76	흰코사향고양이	일본에서는 해로운 동물, 중국에서는 고급 식재료
78	살무사	위험한 독을 지닌 작은 독뱀
80	개복치	이래 봬도 복어의 친척
82	자라	일본에서는 친숙한 식용 거북이
84	개불	개 불알 같다고 하지 마
86	베짜기개미	알은 태국의 고급 식재료 '카이몿댕'
88	비단벌레	몸은 식용으로, 날개는 액세서리로
90	귀뚜라미	훌륭한 식재로 큰 관심
92	소똥구리	고단백질인 숲속의 청소부
94	나방	나방류는 유충이 식용으로 인기
96	낙타	트레이드 마크인 혹은 지방 덩어리
98	개	사람과 가장 오래 지내는 동물

▲ 쥐 통구이

제3장 일본에서 먹는 생물

102	대구족충	은근히 귀엽고 은근히 맛있어요
104	가시복	복어와 친척 사이지만 독이 없어요

106	곰	예로부터 먹어 온 곰 고기
108	염소	일본 오키나와에 뿌리내린 염소 식문화
110	말	체온이 높아 균이 잘 자라지 못해요
112	큰바다사자	일본 홋카이도에서 먹는 바다의 갱
114	고래	일본 급식에도 나온 고래 고기
116	돌고래	큰 건 고래, 작은 건 돌고래
118	오소리	두꺼운 기름으로 보호받아요
120	메뚜기	일본의 곤충 음식이라면 이것
122	벌 유충	벌 유충은 삼대 진미 중 하나
124	복어	쏘이면 죽어서 일본에서 부르는 별명 '총포'
126	바다표범	추운 지역의 단백질원
128	참새	일반인은 잡으면 안 돼요
130	하늘소	맛은 곤충계 No.1?
132	칠성장어	장어를 닮지 않았어요
134	멧돼지	멧돼지 고기는 별명 '모란'
136	너구리	식용으로의 평판은 살짝 부족?
138	소라게	실은 왕게와 친구 사이에요
140	군소	끈처럼 길쭉한 알이 면발 같아요

▲ 곰 메밀국수

제4장	아메리카·오세아니아·아프리카에서 먹는 생물

144	비둘기	사람을 잘 따르는 친근한 새
146	얼룩말	밀라노 만국 박람회에 '얼룩말 버거'가 등장
148	라마	안데스 지방에 없어서는 안 되는 동물
150	카피바라	돼지고기와 비슷하다고 하는 남미 식재료
152	이구아나	고기뿐만 아니라 가죽도 진미
154	바다거북	멸종 위기가 다가와 보호 대상으로
156	알파카	털뿐만 아니라 고기도 고품질
158	캥거루	서식지인 오스트레일리아에서는 식용으로

▲ 멧돼지 고기전골

160 **기니피그** 페루에서 사랑받는 '꾸이'
162 **말코손바닥사슴** 숲속의 너무 큰 임금님
164 **버펄로** 아메리카를 상징하는 동물
166 **아르마딜로** 육질은 흡사 새고기? 남미의 진수성찬
168 **타란툴라** 캄보디아의 소울 푸드
170 **우파루파** 옛 일본에서 엄청난 붐이었어요
172 **피라니아** 남미에서 낯익은 위험한 강 물고기
174 **에뮤** 에뮤 고기는 지방이 적어 초 건강해요
176 **밀웜** 반려동물들이 좋아하는 그것이 식량난도 해결?
178 **타조** 생으로도 먹을 수 있는 타조 고기
180 **코끼리** 상아를 노리고 반복되는 밀렵
182 **비버** 납작한 꼬리가 진미라는 소문

칼럼 column

184 맛있었던 생물과 맛없었던 생물
186 곤충 음식을 자판기에서 팔고 있다고!?
188 무섭지만 맛있는 생물을 먹을 수 있는 레스토랑에 가 보았다!

▲ 피라니아 구이

생물 데이터에 관해

몸의 길이는 동물 종류에 따라 재는 부위가 달라요.
이 책에서는 아래와 같이 나눠 설명하고 있어요.

몸길이	머리끝에서 꼬리 끝까지의 길이. 조류는 부리 끝에서 꼬리 끝까지의 길이.
두동장(頭胴長)	몸을 늘여, 코끝에서 꼬리가 붙은 부분까지의 길이.
몸높이	등에서 바닥까지의 높이.
복장	중심부에서 팔 끝까지의 길이.
갑장	등딱지의 길이.
각장	껍데기의 높이.
직경	몸의 지름.

제1장

유럽에서
먹고 있는 생물

유럽이라고 하면 프랑스 요리를 떠올리는 사람이 많을 거예요. 그런 고급 레스토랑에도 달팽이나 까마귀를 사용한 요리가 심심찮게 등장하죠. 신기하지 않나요?

▲ 에스카르고(13쪽)

게가 아니라 새우의 친척
가재

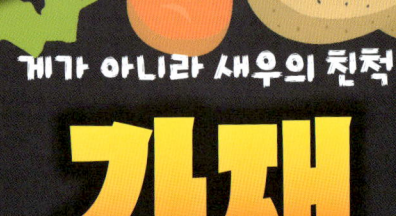

유럽 · 아시아 · 일본 · 아메리카 · 오세아니아 · 아프리카

겉보기에는 작은 랍스터

생으로 먹으면 위험하다고!

맛있는 정도
맛있어요!

QUIZ 퀴즈 ①
일본에 서식하는 가재의 대부분은 미국가재예요. 그럼 미국가재는 원래 무엇 때문에 일본에 들여왔을까요? ①반려동물 ②개구리 먹이 ③식용

생물 데이터

동물 이름 유럽가재		**몸길이** 12~16cm	
몸무게 ??g	**수명** 8년	**식성** 잡식	
서식지 유럽 각지	**먹는 지역** 프랑스, 스웨덴		

이름처럼 유럽 각지의 강이나 호수에 서식하고 있어요. 몸 색깔은 청록색에서 검은색까지 다양해요. 다른 가재와 마찬가지로 커다란 집게발이 있고, 물속의 식물이나 동물을 먹고 살아요. 가을 무렵에는 번식기를 맞아 다음 해 5월경에 알을 낳아요. 옛날에는 일본에도 반려동물로서 유입되었으나 현재는 엄격하게 제한되어 있어요. 참고로 가재는 게와 비슷하고 집게발도 있지만, 게가 아니라 새우 무리예요.

맛은 새우와 비슷한 가재 소금물 데침

새우와 마찬가지로 머리를 떼고 껍질을 까먹어요. 맛은 새우와 비슷해 맛있지만, 막상 껍질을 까 보면 살이 조금밖에 없어 허전해요. 머리에는 게 내장에 버금가는 가재 장 비슷한 것이 있고, 마찬가지로 쓴맛이 있어 진미예요. 스웨덴에서는 매년 8월 8일에 가재를 먹는 파티를 연다고 해요.

EX 요리 예시

가재 소금물 데침

새우를 데치면 빨갛게 변하는 것처럼 가재도 데치면 빨갛게 변해요. 기생충이 있어 생으로 먹는 건 위험해요.

달팽이

동글동글 벌레

유럽 · 아시아 · 일본 · 아메리카 · 오세아니아 · 아프리카

와인 밭의 포도 잎을 먹으며 자라요

갈릭이랑 어울려~.

맛있는 정도
맛있어요!

QUIZ 퀴즈❷
달팽이는 식물이나 말린 잎을 즐겨 먹어요. 그럼 달팽이의 이빨은 몇 개 정도일까요? ①약 100개 ②약 1,000개 ③10,000개 이상

❶의 정답 ②개구리 먹이 황소개구리의 먹이로 일본에 들어왔어요.

생물 데이터

동물 이름	헬릭스포마티아	각장	4cm
몸무게	??g	수명	??년
		식성	초식
서식지	유럽 각지	먹는 지역	프랑스

육지에 서식하는 조개 중, 껍데기 일부가 있는 '달팽이'. 달팽이 중에서 껍데기가 퇴화해 없어진 건 '민달팽이'라고 불려요. 달팽이를 껍데기에서 꺼낸다고 해서 민달팽이가 되는 것이 아니라, 달팽이의 껍데기 안에는 내장이 들어 있어 껍데기를 잃으면 죽어요. 헬릭스포마티아는 식용 달팽이로 유명하지만, 번식력이 낮아 야생에서는 점점 모습을 감추고 있어요.

식감은 마치 부드러운 소라

프랑스에서는 달팽이 요리를 '에스카르고'라고 해요. 에스카르고로 쓰이는 달팽이는 몇 종이 있지만, 그중에서도 인기가 많은 건 몸집이 큰 헬릭스포마티아예요. 헬릭스포마티아는 알도 '화이트 캐비아'라고 알려져 있어요. 하지만 귀중한 종이기 때문에 최근에는 아프리카달팽이를 대용으로 삼는 경우가 늘었다고 해요.

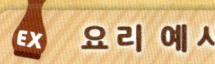
요리 예시

에스카르고

에스카르고용 달팽이는 기생충에 감염되지 않게 길러져요. 한국, 일본의 달팽이는 식용에 적합하지 않아요.

암수 모두 뿔이 있는
순록

썰매 끌기는 물론 고기와 모피도 소중히

산타 할아버지는 먹으면 안 돼~.

맛있는 정도
그럭저럭!

크리스마스에 산타 썰매를 끄는 순록의 성별은 무엇일까요?
①수컷 ②알 수 없다 ③암컷

❷의 정답 ③10,000개 이상 아주 작은 이빨이 가득 나 있어요.

생물 데이터

동물 이름	순록	두등장	1.2~2.2m
몸무게	60~250kg	수명	15년	식성	초식
서식지	북극권	먹는 지역	핀란드, 몽골

사슴 무리 중 유일하게 암수 모두 커다란 뿔을 지녔어요. 수컷이 암컷보다 몇 배나 크고 뿔이 화려해요. 수컷의 뿔은 최장 130cm에 달해요. 매우 추운 지역에 서식하기 때문에 털이 두껍고 뿔은 눈을 파는 데에도 쓰여요. 시속 80km에 달하는 속도로 달릴 뿐만 아니라 헤엄도 특기예요. 얌전한 성격으로 오래전부터 가축화되어, 눈 내리는 나라에서는 썰매를 끄는 데도 쓰여 왔어요.

냄새와 비린내가 적은 순록 고기

핀란드에서는 지비에(사냥 고기) 요리가 깊게 사랑받아 오고 있으며, 순록 고기도 그중 하나로 먹어 왔어요. 스테이크나 끓인 수프, 구이 등 소고기처럼 조리하는 게 일반적이에요. 몽골에서 순록과 함께 생활하는 차탄 족도 순록 고기를 먹고 우유를 마시며, 뿔이나 가죽을 도구로 가공해서 살고 있어요.

요리 예시

순록 고기구이

순록 고기구이에는 달콤한 소스가 정석이에요. 고기는 냄새나 비린내가 적어 놀랄 만큼 먹기 편해요.

돌묵상어

얌전한 거대 상어

유럽 | 아시아 | 일본 | 아메리카·오세아니아·아프리카

몸이 커서 포만감도 최고?

세계 최강 비린내라고요!

맛있는 정도
이건 좀...!

QUIZ 퀴즈 ④
다음 중 돌묵상어가 많이 남획된 이유에 해당하는 것은 무엇일까요?
① 개체 수가 많아서 ② 이빨을 얻기 위해서 ③ 간의 기름을 얻기 위해서

❸의 정답 ③암컷 수컷 순록의 뿔은 12월경에는 빠져서 떨어져요.

생물 데이터

동물 이름 돌묵상어		**몸길이** 수컷 약 5m, 암컷 약 10m	
몸무게 6t	**수명** ??년	**식성** 플랑크톤	
서식지 전 세계의 온대~아한대 바다		**먹는 지역** 아이슬란드	

상어 중에서는 고래상어 다음으로 커다란 종이에요. 암컷은 약 10m, 수컷은 암컷보다 작은 5m 정도의 길이예요. 성격은 얌전하고 움직임도 느긋해요. 커다란 입을 벌린 채 수영하며 대량의 바닷물과 함께 딸려오는 플랑크톤을 먹어요. 사람을 공격할 위험은 거의 없고, 서식지에서는 돌묵상어와 함께 헤엄치는 다이빙 투어가 인기 있어요. 어미의 몸속에서 알에서 부화하여 1m 이상 자란 후 태어나요.

강렬한 냄새의 돌묵상어 하칼

하칼은 아이슬란드 전통 보존 음식이에요. 돌묵상어나 그린란드상어를 천장에 매달아 몇 개월간 발효시켜요. 이렇게 해서 만들어지는 하칼은 아주 강렬한 냄새를 풍기고, '세계에서 가장 냄새나는 음식'으로도 알려져 있어요. 그냥 먹기에는 자극이 심해 도수 높은 술과 같이 먹는 경우가 많아요.

EX 요리 예시

하칼

암모니아 냄새가 강해 단독으로는 도저히 먹기 힘들다고 여겨지는 하칼. 하지만 맛은 나쁘지 않다고 해요.

나무 위에서 인사
다람쥐

나무 열매로 자란 이 몸

나, 유해 동물 취급받고 있어…….

맛있는 정도: 그럭저럭!

유럽 · 아시아 · 일본 · 아메리카 · 오세아니아 · 아프리카

QUIZ 퀴즈 ⑤
다람쥐의 트레이드 마크는 긴 꼬리예요. 이 꼬리의 특징으로 맞는 것은 무엇일까요? ①움직일 수 없다 ②떼기 쉽다 ③아무 역할도 없다

❹의 정답 ③간의 기름을 얻기 위해서 상어의 간 기름에는 영양 성분이 많다고 해요.

생물 데이터

동물 이름 동부회색다람쥐	**두동장** 20~32cm		
몸무게 400~600g	**수명** 12년	**식성** 종자, 나무 열매	
서식지 북아메리카, 영국(이입)	**먹는 지역** 영국		

숲속에 서식하며 하루의 태반을 나무 위에서 보내요. 다람쥐 중에서도 크고, 몸길이와 비슷할 정도로 긴 꼬리를 지녔어요. 식물의 씨앗이나 나무 열매 등을 즐겨 먹고 남은 먹이는 땅속에 숨기는 습성이 있어요. 기억력과 후각이 발달해 몇 개월이 지나도 먹이를 숨긴 장소를 잊지 않아요. 겨울이 되어도 동면하지 않고 숨겨 뒀던 먹이를 파내 먹어요. 우는 소리가 여러 가지로 다양하며, 특히 봄과 가을에 큰 목소리로 울어요.

다람쥐 파이 은박지 구이는 건강식!?

동부회색다람쥐가 사는 아메리카나 영국에서는 다람쥐를 먹는 게 그리 이상한 일이 아니에요. 특히 영국에서는 다람쥐가 해로운 동물로 여겨져, 먹는 게 생태계를 지키는 거라고도 생각해요. 다람쥐 중에서는 큰 편으로 한 마리에서 1.5인분가량의 고기를 얻을 수 있다고 해요.

 요리 예시

다람쥐 파이 은박지 구이

나무 열매를 먹고 생활하기 때문인지 고기가 살짝 달고 지방이 적어요. 건강식이라고도 할 수 있어요.

가오리

독 가시를 조심해요

지느러미는 선술집 단골 메뉴

토마토 수프와 잘 어울려!

맛있는 정도
맛있어요!

유럽 · 아시아 · 일본 · 아메리카 · 오세아니아 · 아프리카

QUIZ 퀴즈 ⑥
가오리와 상어는 아주 가까운 계열이에요. 둘을 간단히 나누는 방법은 무엇일까요?   ① 몸의 평평한 정도 ② 아가미의 위치 ③ 꼬리의 길이

⑤의 정답 ② 떼기 쉽다 위험에 처하면 스스로 꼬리를 자르고 도망가기도 해요.

생물 데이터

- **동물 이름** 노랑가오리
- **몸길이** 최대 200cm
- **몸무게** 350kg
- **수명** ??년
- **식성** 작은 물고기, 새우, 게
- **서식지** 한국, 일본 근해, 남중국해~러시아 동남부
- **먹는 지역** 한국, 유럽, 아시아

상어 등과 마찬가지로 몸 전체의 뼈가 연골로 이루어져 있어요. 맹독 가시를 지녔기 때문에 찔리면 한동안 격한 고통이 찾아와요. 독 가시는 아주 딱딱해서 긴 장화 정도는 손쉽게 뚫어요. 평평한 몸을 활용해 해저의 모래밭에 웅크려서 새우나 게 등을 포획해요. 번식기는 2월경이에요. 어미의 체내에서 알을 부화해, 봄에서 여름경 10cm 정도로 자란 새끼가 떨어져 나와요.

일본에서도 먹는 가오리

칼데라다는 포르투갈의 전통 요리예요. 가오리나 연어, 새우, 바지락, 오징어와 같은 여러 해산물과 토마토 같은 채소를 넣고 푹 끓인 음식으로, 포르투갈판 해산물 스튜라고도 할 수 있어요. 일본에서는 말린 가오리 지느러미가 선술집의 인기 메뉴예요. 가라아게(튀김)나 조림도 맛있어요.

EX 요리 예시

가오리 칼데라다

포르투갈에서는 칼데라다용으로 다양한 물고기의 살점을 섞은 것을 팔고 있어요.

해파리나 산호의 친척
말미잘

신기한 몸은 쫀득쫀득한 식감

한국과 일본에서도 먹고 있어~.

유럽 · 아시아 · 일본 · 아메리카 · 오세아니아 · 아프리카

맛있는 정도: 그럭저럭!

퀴즈 7

먹이를 먹은 말미잘은 어디로 변을 볼까요?
①항문으로 ②입으로 ③변을 보지 않는다

⑥의 정답 ②아가미의 위치   가오리는 몸 아래쪽에, 상어는 몸 옆쪽에 아가미가 있어요.

생물 데이터

동물 이름	뱀타래말미잘(Anemonia sulcata)	**직경**	5cm, 15cm 두 종류
몸무게	??g	**수명**	??년
식성	육식(물고기·갑각류)		
서식지	태평양 온대 지역에서 지중해	**먹는 지역**	스페인, 이탈리아

마치 식물처럼 보이지만, 말미잘은 '자포동물'이라고 불리는 종으로 해파리와 산호 등의 친척이에요. 스스로는 적극적으로 돌아다니지 않고, 먹이인 물고기가 다가오면 수많은 촉수를 사용해 붙잡죠. 이 촉수에는 독이 있어 섣불리 만지면 안 돼요. 참고로 전혀 움직이지 않는 건 아니라서 그 장소가 마음에 들지 않으면 천천히 걷듯이 움직여요.

쫄깃쫄깃한 식감의 말미잘

이탈리아나 스페인에서 진미로 사랑받고 있어요. 맛이라고 부를 만한 맛은 없고, 쫄깃쫄깃한 식감을 즐길 수 있어요. 일본에서는 규슈 일부 지방이 말미잘을 먹는 지역으로 알려져 있어요. 규슈 일부 지방에서 먹는 건 이시와케말미잘로, 미소(된장) 조림이나 가라아게, 국 건더기 등으로 쓰여요.

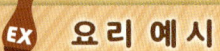 요리 예시

말미잘 프라이

거의 아무 맛도 없지만, 희미한 바다 냄새를 느낄 수 있어요. 일본에서도 조금 유통되고 있어요.

긴 귀가 트레이드 마크

토끼

수렵육 요리의 대표 선수

암컷이 더 맛있어!

맛있는 정도: 맛있어요!

QUIZ 퀴즈 8
다음 중 토끼가 잘 뛸 수 없는 곳은 어디일까요?
① 내리막길 ② 평지 ③ 오르막길

7의 정답 ② 입으로 말미잘은 항문이 없고 입으로 먹고 입으로 뱉어요.

생물 데이터

동물 이름	굴토끼	**두동장**	35~50cm
몸무게	1.5~3kg	**수명**	??년
식성	풀, 나뭇잎, 나무껍질, 뿌리		
서식지	유럽, 아프리카 북서부	**먹는 지역**	유럽, 아시아

굴토끼는 현재 반려동물로 사랑받고 있는 토끼의 선조예요. 7cm 정도 길이인 귀는 세밀한 혈관이 둘러쳐져 있어, 이 혈관을 바깥 공기에 노출시키는 것으로 몸의 열을 내보내요. 땅속에 복잡한 땅굴을 파고 그 안에서 집단으로 생활해요. 땅굴 안에는 침실이나 새끼를 낳기 위한 방이 있고, 마치 미로처럼 돼 있어요. 집단은 100마리 이상에 달하기도 해요. 출산 직후의 새끼 토끼는 털이 없고 한동안 눈도 뜨지 못해요.

토끼는 지비에 요리의 대표 식재료

프랑스에서는 식재료로 잡은 야생 동물을 '지비에'라고 불러요. 토끼는 사슴이나 멧돼지와 더불어 예로부터 지비에 요리를 대표하는 식재료였어요. 육질은 새고기에 가깝고, 지방이 적어요. 수컷은 고기가 딱딱하고 암컷은 촉촉해서 암컷 쪽이 더 맛있다고 해요.

EX 요리 예시

토끼 고기 토마토 수프

육질은 새고기와 비슷해요. 푹 끓인 국 요리 외에도 구이, 튀김 등 새고기와 비슷한 조리 방법이면 거의 맛있게 즐길 수 있어요.

파리의 유충
구더기

사람이 먹는 걸 좋아하는 녀석

꼭꼭 씹어 먹어.

유럽 · 아시아 · 일본 · 아메리카 · 오세아니아 · 아프리카

맛있는 정도

그럭저럭!

QUIZ 퀴즈 ⑨
사람의 음식에 몰려드는 파리. 그럼 파리는 음식 맛을 어느 부위로 느낄까요?
① 눈　② 날개　③ 다리

⑧의 정답　①내리막길　토끼는 앞다리보다 뒷다리가 더 길어 내리막에 약하다고 해요.

생물 데이터

동물 이름	치즈파리	몸길이	4~5mm
몸무게	??g	수명	??년	식성	사람이 먹는 음식
서식지	세계 각지	먹는 지역	이탈리아

치즈파리는 치즈나 베이컨, 물고기 등 사람과 비슷한 음식 취향을 지녀 그곳에 알을 낳아요. 이렇게 해서 발생한 유충(구더기)을 사람이 무심코 먹게 되면 몸속에서 그대로 살아남아 복통 등을 일으킬 가능성이 있어요. 유충은 몸을 둥글게 말고 반동을 이용해 10cm나 뛰어오르는 성질이 있어요. 전 세계에 널리 분포되어 서식해요. 파리 중에서는 몸집이 조금 작은 편으로, 몸길이 5mm 이하예요.

세계에서 가장 위험한 치즈, 카수 마르주

카수 마르주는 위험한 치즈로 유명해요. 치즈에 일부러 파리가 알을 낳게 해서 부화한 구더기를 이용해 치즈를 만들어요. 당연히 치즈를 가르면 살아 있는 구더기가 분수처럼 나오고, 단면에도 우글우글 구더기가……. 꽤 위험하기 때문에 현재는 판매 금지예요.

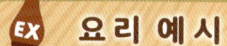
EX 요리 예시

카수 마르주

구더기의 힘으로 치즈가 놀랄 만치 부드러워진대요. 현지에서는 구더기째로 먹는 사람도 많다고 해요.

우리에게도 친숙한 검은 새
까마귀

유럽

프랑스의 유서 깊은 고급 식재료

꽤~나 고급 식재료라고!

맛있는 정도

맛있어요!

QUIZ 퀴즈⑩

다음 중 까마귀와 관련이 있는 말은 무엇일까요?
①근묵자흑 ②오합지중 ③막역지우

 의 정답   ③다리   입뿐만 아니라 다리 끝에도 맛을 느끼는 센서가 있어요.

생물 데이터

동물 이름 송장까마귀	**몸길이** 50cm		
몸무게 300~700g	**수명** ??년	**식성** 잡식	
서식지 한국, 유라시아 대륙, 일본		**먹는 지역** 프랑스	

털과 부리, 다리는 모두 새까만 색. 맨살도 까만색과 비슷한 회색이에요. 머리가 아주 좋아 훔친 옷걸이를 둥지 재료로 쓰기도 해요. 멈춰 있는 차의 타이어 밑에 호두를 놔서 부순 적도 있다고 해요. 부리는 아주 딱딱하며 그것을 활용해 나무 열매, 채소, 곤충, 작은 동물 등 무엇이든 먹어 치워요. 흔히 보이는 큰부리까마귀와 비교하면 몸집이 조금 작아요. 펼친 날개는 길이 약 1m에 달해요.

옛 프랑스에서는 최고급 식재료였다고요!?

옛 프랑스에서 까마귀는 최고급 식재료 중 하나로 여겨졌어요. 고기는 겉모습으로는 상상도 못 할 정도로 선명한 붉은색이고 영양도 만점이에요. 조금 딱딱하지만, 맛은 아주 좋아요. 최근에는 다시금 지비에로 주목받고 있어요. 언젠가 까마귀를 당연하게 먹는 시대가 올지도 모른다고요?

EX 요리 예시

까마귀 파이

철분이나 타우린이 풍부한 까마귀 고기. 다양한 음식을 먹는 까마귀지만, 안전성에도 문제는 없다고 해요.

이리치

맹수처럼 무서워요

풍어를 부르는 신의 물고기

겉모습은 무섭지만 먹으면 맛있다고.

맛있는 정도

맛있어요!

QUIZ 퀴즈⓫

다음 중 이리치의 별명은 무엇일까요?
①사자물고기 ②호랑이물고기 ③늑대물고기

⓾의 정답 ②오합지중 · '오합지중(烏合之衆)'은 까마귀가 모여 있는 무리라는 뜻으로, 모였지만 무질서한 집단을 말해요.

생물 데이터

동물 이름 이리치	**몸길이** 1m		
몸무게 12kg	**수명** ??년	**식성** 육식(게·연체동물)	
서식지 일본 니가타현과 이바라키현 이북, 러시아 남동부~북태평양 북부		**먹는 지역** 북유럽	

커다란 몸에 커다란 입. 입안에는 예리한 이빨이 즐비하여 갑각류나 조개류를 통째로 우적우적 먹어 버려요. 하지만 성격은 의외로 겁쟁이에 얌전해요. 수심 50~100m 정도의 암석 지대에 서식하며 밤이 되면 활동을 시작해요. 가을이 되면 산란하고 부모는 알 덩어리를 몸에 둘러 감아 보호해요. 아이누 족들 사이에서는 이리치를 잡으면 어업 풍년이 찾아온다는 믿음이 있어, 신의 물고기로서 대해지고 있어요.

영미권에서 먹는 흰 살 물고기

주로 유럽이나 아메리카에서 먹어요. 소테(버터를 발라 살짝 지진 고기)나 조림, 피시 앤 칩스, 프라이 등으로 먹는 게 일반적이에요. 무서운 외견과 달리 비린내가 없는 흰 살로, 신선도가 높은 건 생선회로도 맛있어요. 일본에서는 유통량이 적으며 판다고 해도 가격이 싸요.

EX 요리 예시

이리치 소테

살은 비린내가 없고 매우 먹기 편해요. 한국과 일본에서는 잘 알려지지 않았지만, 해외에서는 식탁에 자주 오른다고 해요.

개구리

대합창이 훌륭한

유럽 · 아시아 · 일본 · 아메리카 · 오세아니아 · 아프리카

프랑스에서 부르는 이름은 '그레누이유'

전 세계에서 먹고 있지, 개굴!

맛있는 정도
맛있어요!

퀴즈 ⑫
남미에 서식하는 거꾸로개구리는 어떤 부분이 거꾸로일까요?
① 성장하면 작아진다 ② 개구리에서 올챙이로 변한다 ③ 실은 개구리가 아니다

⑪의 정답 ③늑대물고기 영어로는 '울프 피시'라는 이름이 있어요.

생물 데이터

- **동물 이름** 유럽참개구리
- **몸길이** 4~12cm
- **몸무게** 20g
- **수명** ??년
- **식성** 거미, 모기, 파리 등
- **서식지** 중앙 유럽
- **먹는 지역** 프랑스

유럽연못개구리와 웃는개구리라는 개구리 두 종의 잡종이에요. 참개구리와 많이 닮았어요. 유럽의 자연 지역에 많이 서식하며 대표적인 식용 개구리예요. '케케케케케' 하고 울고, 특히 봄과 여름에는 커다란 목소리로 울어요. 수컷 개구리는 울음소리로 영역을 주장하거나 암컷에게 어필해요. 암컷은 봄이 되면 연못이나 논에서 산란해요.

맛은 새고기와 비슷한 개구리 뒷다리

프랑스 요리 세계에서는 식용 개구리를 '그레누이유(grenouille)'라고 불러요. 한 마리를 통째로 먹는 게 아니라 근육이 발달한 뒷다리만 익혀 먹는 게 일반적이에요. 맛은 새고기와 비슷하다고 해요. 보통은 식용 개구리라고 하면 대부분 황소개구리를 의미해요. 그 밖에도 아메리카나 중국 등 개구리를 먹는 국가가 많아요.

EX 요리 예시

개구리 프리토

프리토(fritto)는 이탈리아에서 유래한 튀김이에요. 개구리 고기는 기름이 적고 단백질이 많아 건강에 좋아요.

빙하기에서 살아남은 뇌조

유럽 · 아시아 · 일본 · 아메리카 · 오세아니아 · 아프리카

일본의 뇌조는 특별 천연기념물

일본 뇌조는 먹으면 안 돼!

맛있는 정도: 이건 좀…!

퀴즈 ⓭ 일본의 뇌조가 유럽의 뇌조와 크게 다른 점은?
① 사람을 무서워하지 않는다 ② 털이 잘 빠진다 ③ 하늘을 날지 못한다

⓬의 정답 ① 성장하면 작아진다   개구리가 되면 올챙이 시절의 4분의 1 정도 크기가 돼요.

생물 데이터

동물 이름	뇌조	몸길이	37cm
몸무게	540g	수명	??년
		식성	잡식
서식지	북반구	먹는 지역	프랑스, 스웨덴 등

북반구에 널리 분포해요. 뇌조 대부분은 고산 지대에서 생활하지만, 지역에 따라서는 해안가에서 발견되기도 해요. 일 년에 두 번 털을 갈고 계절에 따라 다른 깃털 색을 보여요. 발끝까지 깃털로 덮여 설산에서 생활하기에 적합한 스타일이에요. 날씨가 좋은 날에는 천적에게 발견되지 않도록 몸을 숨기고, 날씨가 나빠지면 모습을 드러내는 경우가 많아요. 이러한 습성에서 '뇌조(雷鳥)'라고 불리게 되었다고 해요.

예전에는 크리스마스에 먹었다고요!?

유럽에서는 뇌조가 수렵 대상이 되어 식용으로도 쓰이고 있어요. 수렵이 가능한 건 11월 중순에서 2월 중순까지로, 11월 하순부터 12월 하순에 기름이 잔뜩 올라 적기를 맞이해요. 일본의 뇌조는 특별 천연기념물로 지정되어 있으므로 포획해서는 안 돼요.

EX 요리 예시

뇌조 구이

옛 유럽에서는 크리스마스에 칠면조가 아니라 뇌조 구이를 먹었어요.

강한 생명력이 지닌 맛
잉어

유럽 / 아시아 / 일본 / 아메리카·오세아니아·아프리카

첫 잉어는 무슨 맛?

맛있는 정도
이건 좀…!

우린 엄청 오래 산다고.

QUIZ 퀴즈 14
비단잉어는 아주 비싸요. 과거 일본에서 최고 가격으로 팔렸던 비단잉어는 한 마리에 얼마였을까요? ①약 5천만 원 ②약 8억 원 ③약 20억 원

⑬의 정답 ①사람을 무서워하지 않는다 일본에서 사람에게 공격받은 적이 없어서예요.

생물 데이터

- **동물 이름** 잉어
- **몸길이** 60cm
- **몸무게** 10kg
- **수명** ??년
- **식성** 잡식
- **서식지** 중앙아시아에서 전 세계로 유입
- **먹는 지역** 한국, 유럽, 중국, 일본

수초, 곤충, 작은 물고기 등을 가리지 않고 먹는 식성이에요. 위가 없어서 한꺼번에 많이 먹지 못해 항상 먹이를 찾아다녀요. 입에는 이빨이 없지만, 목 부근에 이빨이 있어 우렁이 등 딱딱한 조개류도 먹을 수 있어요. 생명력이 아주 강해 더러운 물속에서도 생활할 수 있어요. 수명이 길어, 226년 살았다고 하는 잉어가 기네스북에 인정되기도 했죠. 입 주변에는 네 개의 수염이 있으며 이걸 활용해 식감이나 미각을 느낄 수 있다고 여겨져요.

동유럽과 중앙아시아의 중요한 식재료

맛이 좋고 성장이 빠른 잉어는 근처에 바다가 없는 동유럽이나 중앙아시아 나라들에서 중요한 식용 물고기로 쓰이고 있어요. 일본의 경우 잉어는 예로부터 먹었고, 에도 시대(1603~1867년)에는 고급 식재료로 알려져 있었어요. 영어로는 식용 잉어를 'carp(카프)'라고 부르며 아름다운 관상용 잉어는 'koi(코이)'라고 불러요.

EX 요리 예시

잉어 맥주 조림

잉어 맥주 조림은 체코의 명물 요리예요. 체코에서는 크리스마스에도 잉어를 먹어요.

이 손은 무슨 손?
거북손

유럽 / 아시아 / 일본 / 아메리카·오세아니아·아프리카

이래 봬도 새우와 게의 친척

좋은 국물 재료 나왔습죠!

맛있는 정도

맛있어요!

QUIZ 퀴즈 ⑮

다음 중 거북손에 대한 설명으로 틀린 것은 무엇일까요?
①자웅동체다 ②스페인에는 '거북손 축제'가 있다 ③독은 제거하고 먹는다

⑭의 정답 ③약 20억 원 일본 히로시마현 미하라시에서 태어난 비단잉어가 한화 약 20억 원에 팔렸어요.

생물 데이터

동물 이름 거북손	**각장** 3~4cm		
몸무게 ??g	**수명** ??년	**식성** 잡식	
서식지 한국, 일본 홋카이도에서 말레이반도		**먹는 지역** 한국, 스페인, 동남아시아, 일본	

마치 조개처럼 보이지만 거북손은 갑각류에 포함되며 새우와 게의 친척이에요. 자루 부분과 손톱처럼 보이는 껍질 부분으로 나뉜 생김새가 거북이의 손처럼 보여 이러한 이름이 붙었어요. 성체가 되기 전까지 아주 작은 플랑크톤으로서 바닷속을 떠다니다, 무리를 찾으면 바위에 들러붙어요. 한 번 바위에 들러붙으면 평생 움직이지 않고 그 자리에서 손을 뻗어 먹이를 잡아요.

맛은 달고 식감은 조개 같아요

스페인에서는 거북손이 고급 식재료로 쓰여요. 식감은 조개처럼 쫀득하면서 맛은 친척인 게나 새우처럼 단맛이 있어요. 비린내는 거의 나지 않아요. 아주 맛있는 국물 재료로서 일본에서는 된장국 건더기 등으로 쓰여요. 동남아시아에서도 인기가 많아요.

EX 요리 예시

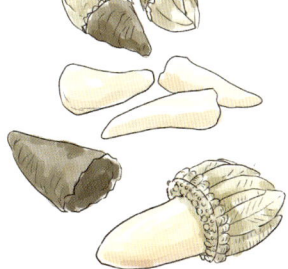
거북손 소금물 데침

식용으로 쓰이는 건 자루 부분 안쪽의 근육 부위. 손톱 부분의 내장이나 촉수도 먹을 수 있지만, 이 부분은 별로 맛있지 않아요.

제2장

아시아에서
먹고 있는 생물

가판대에 산처럼 쌓인 곤충 튀김이나 쥐 꼬치구이가 팔리고 있고, 다양한 곤충과 동물을 먹는 이미지가 강한 아시아예요. 여행할 일이 있다면 꼭 도전해 봐요.

▲ 매미 남플라 볶음(49쪽)

곤충의 왕자
장수풍뎅이

라오스에서는 다른 의미로 인기

다 자라고 먹어 줘.

유럽 / 아시아 / 일본 / 아메리카·오세아니아·아프리카

맛있는 정도
그럭저럭!

QUIZ 퀴즈 16
야행성에 상수리나무나 졸참나무 등의 수액을 선호하는 장수풍뎅이. 그럼 다음 중 장수풍뎅이가 가진 것은 무엇일까요?   ①눈 ②코 ③귀

15의 정답   ③독은 제거하고 먹는다   거북손에는 독이 없어요.

생물 데이터

동물 이름	기데온장수풍뎅이	**몸길이**	36~76mm
몸무게	??g	**수명**	성충 2~3개월, 유충 2년	**식성**	수액
서식지	동남아시아 등	**먹는 지역**	라오스 등

동남아시아를 중심으로 널리 분포해요. 흔히 볼 수 있는 장수풍뎅이와 거의 비슷한 크기로 겉모습도 닮았어요. 흉각(胸脚)이 발달해 상대를 꽉 붙잡을 수 있어요. 성충은 사탕수수를 좋아해 사탕수수 해충으로 분류되므로 일본에 유입하는 것은 금지되어 있어요. 지는 걸 싫어하며 금방 싸우려 드는 성격 때문에 태국에서는 기데온장수풍뎅이를 싸움 붙이는 곤충 스포츠가 열려 인기를 끌고 있어요.

유충은 흙 느낌이 나 맛이 없어요

곤충계의 왕자 같은 존재로 아이들에게 큰 인기를 끄는 장수풍뎅이. '장소가 바뀌면 물건이 바뀐다'는 말처럼 동남아시아 라오스에서는 장수풍뎅이가 음식으로 큰 인기예요. 시장이나 가판대에서는 당연한 듯 장수풍뎅이가 팔리고, 물론 반려동물이 아니라 식용으로 쓰여요. 성충이 선호되며 유충은 맛있지 않아요.

EX 요리 예시

생 장수풍뎅이 튀김

튀김옷 없이 튀겨 먹어요. 라오스를 시작으로 태국이나 캄보디아 같은 동남아시아 국가에서는 곤충을 먹는 게 일상이에요.

하늘을 나는 포유류
박쥐

바이러스를 옮기니까 먹는 건 위험?

실은 전 세계에서 먹고 있어.

맛있는 정도
그럭저럭!

포유류지만 하늘을 날 수 있는 박쥐. 그럼 박쥐의 날개는 무엇이 변화한 걸까요? ①앞다리 ②뒷다리 ③배

유럽 / 아시아 / 일본 / 아메리카·오세아니아·아프리카

⑯의 정답 ①눈 코는 없지만, 촉각으로 수액 냄새를 느낄 수 있어요.

생물 데이터

동물 이름	데스마레과일박쥐	**두동장**	14~16cm
몸무게	45~100g	**수명**	??년
		식성	열매, 꽃의 꿀
서식지	중국, 파키스탄, 태국, 스리랑카	**먹는 지역**	아시아

박쥐는 커다란 날개를 지녔지만, 조류가 아니라 사람과 마찬가지로 포유류예요. 알려진 것만으로도 1,100종 이상이 존재하고 아주 번영한 종이라고 해요. '박쥐=피를 빤다'라는 이미지를 가지는 경우도 많지만, 실제로 동물의 피를 먹는 건 아주 일부 종뿐이며 이 데스마레과일박쥐만 해도 열매나 꽃의 꿀을 선호해요. 아주 큰 무리를 지어 수가 2,000마리를 넘기도 해요.

해외에서는 '프루트 배트(fruit bat)'라고도 해요

고급 요리의 일종, 또는 간식으로 박쥐를 먹는 지역이 의외로 많아요. 머리나 내장을 제거하지 않고 통째로 먹는 경우도 꽤 있어요. 하지만 박쥐는 양식으로 기르지 않고 먹는 건 야생에 서식하는 개체예요. 야생 박쥐는 다양한 균이나 바이러스를 지녀 먹는 건 위험하다는 시각도 있어요.

EX 요리 예시

박쥐 수프

데스마레과일박쥐는 일본에도 서식하지만, 멸종 위기종으로 지정되어 있어요. 물론 먹는 문화도 없죠.

곤충계에서 가장 미움받는 존재

바퀴벌레

숲에 사는 건 청결, 집에 있는 건 불결

그렇게 싫어하진 말아 줘……

유럽 | 아시아 | 일본 | 아메리카·오세아니아·아프리카

맛있는 정도
그럭저럭!

QUIZ 퀴즈⑱
장수풍뎅이 암컷이 평생 낳는 알의 수는 약 30개예요. 그럼 먹바퀴 암컷이 평생 낳는 알의 수는 몇 개일까요?   ①5개 ②50개 ③500개

⑰의 정답 ①앞다리 제대로 손가락 5개도 있으며 손가락 사이사이에 막이 있어요.

생물 데이터

동물 이름	마다가스카르휘파람바퀴	몸길이	5~7.5cm
몸무게	20g	수명	2~5년
식성	열매, 꽃의 꿀		
서식지	마다가스카르섬	먹는 지역	아시아

한국, 일본의 먹바퀴와는 달리 사람의 집에 숨어들지도 않고 숲속에서 낙엽이나 쓰러진 나무 밑에 숨어 지내요. 밤이 되면 좋아하는 과실이나 화초 등을 찾아 활동을 시작해요. 수컷이 암컷을 발견하면 몸에서 소리를 내 구애해요. 암컷은 몸 안에 고치 같은 주머니를 만들고 그 안에서 알을 부화시켜요. 암수 모두 날개가 없고 수컷은 커다란 뿔을 지녔어요. 이 뿔은 수컷끼리의 싸움에 쓰이는 듯해요.

튀김으로 자주 먹어요

불결한 이미지가 있어 모든 곤충 중에서도 가장 미움받는 바퀴벌레. 하지만 바퀴벌레 자체가 해로운 것이 아니라, 더러운 장소를 지나거나 썩은 음식을 먹어 유독한 균을 지니게 된다고 해요. 숲에 살고 과실을 먹는 마다가스카르휘파람바퀴 같은 바퀴벌레는 먹어도 위험성이 적답니다.

요리 예시

바퀴벌레 프라이

통째로 먹으며 식감이나 맛이 새우와 비슷하다고 해요. 최근에는 아시아나 일본에도 식용으로 유입됐어요.

평생의 대부분을 땅속에서
매미

성충보다 유충이 인기

첫 곤충 음식으로 도전해 보는 거 어때요?

유럽 / 아시아 / 일본 / 아메리카·오세아니아·아프리카

맛있는 정도

맛있어요!

QUIZ 퀴즈 ⑲
우화하고 금방 죽는 허무한 생물인 매미. 그럼 실제로 매미의 일생은 곤충 중 어느 정도일까요? ① 긴 편 ② 평균 ③ 짧은 편

⑱의 정답 ③500개 바퀴벌레는 번식력이 높다고 알려져 있어요.

생물 데이터

- **동물 이름** 유지매미
- **몸길이** 56~60mm
- **몸무게** 3g
- **수명** 유충 6년, 성충 2주 사이
- **식성** 수액
- **서식지** 한국, 일본, 중국
- **먹는 지역** 중국

매미 중에서도 특별히 우는 소리가 커요. "지리지리지리……." 하는 울음소리가 기름을 끓일 때의 소리와 비슷해서 '유지(기름)매미'라고 불리게 됐다고 해요. 알에서 부화한 유충은 땅속에 파고들어 그대로 6~7년이라는 긴 시간을 보내요. 겨우 지상으로 나와 우화한 뒤로는 불과 2주일 정도밖에 살지 못해요. 성충, 유충 모두 수액을 좋아하고 빨대 같은 입을 나무에 꽂고 수액을 마셔요.

우화 후에는 식재로서의 인기가 내려가요

성충도 먹을 수 있지만, 속이 숭숭 비어 인기가 낮아요. 유충이나 소프트 쉘(soft-shell, 막 우화하여 몸이 부드러운 상태)은 크림 같은 식감이라 평판이 좋다고 해요. 매미는 도심지 공원에서도 찾을 수 있어서 일본에서는 첫 곤충식으로 도전하는 사례가 늘고 있어요. 가까운 미래에 학교 급식으로 나올지도요!?

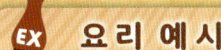 요리 예시

매미 남플라 볶음

성충이 되기 전 매미를 사용해요. 매미 음식의 고향인 태국에서는 매미를 '챠카찬'이라 불러요.

고산 지대에 서식하는 거대한 소
야크

"티베트에서는 특별한 생물이에요."

맛있는 정도

그럭저럭!
QUIZ 퀴즈⑳

고기는 식용으로, 털은 모피로

야크는 평상시에 어떤 무리 생활을 할까요?
①암수가 같은 무리에 있다 ②홀로 생활한다 ③암수가 따로 무리를 짓는다

⑲의 정답 ①긴 편 유지매미의 생애는 약 6년이에요. 유충 시절을 포함하면 곤충 중에서는 긴 편이에요.

생물 데이터

동물 이름 야크	**두동장** 2~3.3m		
몸무게 수컷 800~1,000kg, 암컷 300~400kg	**수명** ??년	**식성** 초식
서식지 중국, 인도, 파키스탄, 네팔	**먹는 지역** 중국		

고산 지대에 생활하는 소의 친척이에요. 몸집이 큰 종으로, 특히 수컷이 암컷보다 한 아름 이상 커요. 거무스름한 털은 두껍고 배 밑의 털은 지면에 닿을 만큼 늘어져 있어요. 이 털 덕분에 추위에는 강하지만 더위에는 약해요. 현재 지구상에 존재하는 야크 대부분은 가축화되어 야생종이 아주 적어요. 가축 야크는 으르렁거리듯 울지만, 야생 야크는 거의 울지 않는 것으로 알려져 있어요.

말린 고기를 식용으로 하는 일이 많아요

유라시아 대륙 중심에 펼쳐지는 세계에서 가장 높은 고원, 티베트 고원. 야크 대부분은 이곳에 서식하고 있으며 티베트인에게 있어 야크는 특별한 존재예요. 고기는 식용으로 쓰이고 젖은 치즈나 버터로, 털은 모피로, 뿔은 도구로 등, 티베트인의 생활은 야크 없이는 말하기 힘들 정도죠. 티베트의 버터 차에도 야크 젖이 쓰여요.

EX 요리 예시

야크 툭바

툭바는 티베트의 면 요리로서 우동과 흡사해요. 툭바에도 야크 고기가 쓰여요.

한자로 쓰면 '해성(海星)'
불가사리

유럽 / 아시아 / 일본 / 아메리카·오세아니아·아프리카

생으로 먹으면 안 돼!

맛있는 정도
그럭저럭!

QUIZ 퀴즈 ㉑

분류도 맛도 성게랑 비슷해요

다음 중 불가사리에게 없는 건 무엇일까요?
① 뇌 ② 입 ③ 항문

⑳의 정답 ③암수가 따로 무리를 짓는다 암컷과 수컷은 번식기일 때를 제외하면 다른 무리에서 생활한다고 해요.

생물 데이터

동물 이름	아무르불가사리	**복장**	20cm
몸무게	??g	**수명**	??년
식성	육식		
서식지	북태평양	**먹는 지역**	중국, 일본

성게나 해삼의 친척이에요. 모두가 팔이 5개인 별 모양이라고 할 수는 없고 개중에는 팔이 4개나 6개인 것도 있어요. 다른 동물과 마찬가지로 알로 번식하지만, 분열(팔이 떨어지면 그 팔에서 새로운 불가사리가 자라요)로 번식하기도 해요. 몸 색깔은 샛노랗고 개체에 따라 파란색이나 보라색을 띠기도 해요. 표면에는 수많은 돌기가 나 있어요. 바지락이나 가리비 등을 공격해 먹기 때문에 어부들 사이에서는 성가신 생물로 여겨져요.

5~6월경 불가사리가 진미

바다에 나가면 만날 수 있는 불가사리. 먹을 수 있는 건 팔 안에 쌓인 난소예요. 난소는 모든 팔 안에 들어 있어요. 맛은 성게와 비슷하고, 봄에서 초여름에 걸쳐 제철이에요. 일본에서는 구마모토현 아마쿠사시에서 불가사리를 먹는 문화가 남아 있어요. 단, 불가사리 중에는 독을 지닌 개체도 있어 무심코 먹는 건 위험해요.

EX 요리 예시

불가사리 소금물 데침

껍질을 벗겨 안의 난소를 꺼내 먹어요. 생으로는 먹을 수 없고 바싹 열을 가해 먹는 게 기본이에요.

오리의 개량종
집오리

원래는 야생 오리였다고~.

다양한 요리로 쓰이는 집오리의 알

맛있는 정도
맛있어요!

QUIZ 퀴즈㉒
집오리는 최소 몇 종 이상이 개량되어 있을까요?
① 약 15종 ② 약 25종 ③ 약 35종

㉑의 정답 ①뇌 불가사리는 뇌가 없어요.

생물 데이터

동물 이름	집오리	몸길이	50~80cm
몸무게	3~5kg	수명	15년
식성	잡식		
서식지	세계 각지	먹는 지역	필리핀, 중국

가축화된 멧돼지에서 돼지가 탄생한 것처럼 집오리는 청둥오리를 가축화해 태어난 종이에요. 몸은 땅딸막하고 날개는 작아 긴 거리를 날지 못해요. 그 대신 바닷물을 마셔도 염분을 배출할 수 있는 구조나 물갈퀴를 지닌 점 등 물 위에서 생활하기 편리한 몸을 지녔어요. 오리가 연간 6~12개의 알을 낳는 것에 비해 집오리는 연간 150~200개의 알을 낳아요. 품종에 따라서는 털이 하얗지 않은 것도 있어요.

간은 고급 식재료 푸아그라가 돼요

세계 3대 진미 중 하나인 간뿐만 아니라 알도 인기예요. 부화 직전의 알을 데쳐 삶은 '발롯(ballot)'은 필리핀을 시작으로 동남아시아의 넓은 지역에서 먹고 있어요. 부화 직전이기 때문에 이미 만들어진 부리나 털이 섞여 있어, 겉보기에는 상당히 흉측하다고 해요. 집오리의 알을 숙성시킨 '피단'도 유명해요.

EX 요리 예시

발롯

껍질을 깨기 전까지는 평범한 삶은 달걀처럼 보이지만, 껍질 안에는 새끼였던 형상이 남아 있어요.

늑대거북

물리지 않도록 주의해요

"오동통한 식감이라고!"

맛있는 정도: 그럭저럭!

생태계를 교란하는 요주의 외래 생물

퀴즈 23
무는 힘이 아주 강한 늑대거북의 의외인 특징은 무엇일까요?
① 이빨이 없다 ② 물면 턱이 빠진다 ③ 작은 생물은 물지 않는다

22의 정답 ②약 25종 집오리는 최소 약 25종 이상 개량되어 있다고 해요.

생물 데이터

동물 이름	늑대거북	**갑장**	50cm
몸무게	30kg	**수명**	??년
		식성	잡식
서식지	캐나다 남부에서 남아메리카 대륙 북서부	**먹는 지역**	일본, 아메리카

거북이라고 하면 아둔한 이미지가 있지만, 늑대거북은 아주 재빨라요. 성격은 흉포하고 상대를 물어 공격해요. 힘이 무시무시해서 사람 손가락을 간단히 두 동강 낼 수 있을 정도예요. 번식력도 강해 한 번에 100개의 알을 낳은 사례도 있어요. 잡식으로 곤충부터 물고기, 새, 동물의 사체, 수초까지 광범위하게 섭취해요. 아메리카에서 유입된 종이 일본에 정착하여, 생태계에 미칠 영향이 우려되고 있어요.

딱딱한 껍질은 물론 먹을 수 없어요

거북 중에서는 얻을 수 있는 고기가 많고 맛도 좋아요. 풍미는 새고기와 비슷하고 오동통한 식감을 즐길 수 있어요. 현재 일본에서는 지바현, 시즈오카현에서의 정착이 확인되었지만, 요주의 외래 생물(특정 외래 생물)로 지정되어 산 채로 운반할 수 없어서인지 식용은 아니에요. 잡으면 그 자리에서 처리하는 건 가능하지만 위험하니 하지 마세요.

EX 요리 예시

늑대거북 수프

맛있는 국물이 나오기 때문에 수프나 전골에 잘 어울려요. 하지만 비린내가 심해서 조리할 때 잘 고민해야 하죠.

무는 힘은 티라노사우루스급
악어

보기와는 달리 고기가 담백해요

진짜 맛있다고요!

맛있는 정도
맛있어요!

QUIZ 퀴즈 24
악어는 크게 세 종으로 나뉘어요. 그럼 가장 난폭한 성격을 지닌 악어는 무엇일까요? ① 앨리게이터 ② 크로커다일 ③ 가비알

23의 정답 ① 이빨이 없다 거북은 이빨이 없어요.

생물 데이터

동물 이름 샴악어	**몸길이** 3~4m		
몸무게 40~70kg	**수명** ??년	**식성** 육식	
서식지 동남아시아	**먹는 지역** 아시아		

동남아시아의 담수에 서식하는 중형 악어로 크로커다일이라 불리는 종에 속해요. 성격이 얌전해 사람이 기르는 사례도 많아요. 마른 나뭇가지나 풀을 사용해 흙무더기 모양 둥지를 짓고 어미가 그곳에서 15~20개의 알을 낳아요. 새끼의 몸길이는 약 20cm예요. 태어나면 어미가 입에 물고 물속으로 날라요. 가죽이나 고기를 목적으로 남획이 이어져 야생종은 멸종 위기에 처해 있어요.

새고기와 비슷하다는 악어 고기

아무리 봐도 사나워 보이는 겉모습과는 달리 고기가 담백하고 맛있어요. 비린내가 없어 다양한 고기 대신 사용할 수 있어요. 특히 꼬리와 가까운 부위가 인기가 높고 샤부샤부 조미 국물로 먹는 것도 추천해요. 야생 악어가 많이 서식하는 오스트레일리아에서는 악어 스테이크나 햄버거 등도 먹고 있어요.

EX 요리 예시

악어 카레

태국에서 먹는 샴악어 카레. 치킨 대신에 악어 고기를 사용하고 있어요.

꼭 불결하다고만은 할 수 없는
쥐

야생에 사는 건 먹을 수 있어요

시궁쥐는 먹으면 안 돼~!

맛있는 정도
그럭저럭!

QUIZ 퀴즈㉕
쥐는 감정이 풍부한 동물이에요. 다음 중 쥐가 실제로 하는 행동은 무엇일까요?
① 즐거우면 웃는다 ② 소리가 나면 놀란다 ③ 슬프면 운다

㉔의 정답 ② 크로커다일 크로커다일은 크기가 크고 난폭한 종이 많아요.

생물 데이터

동물 이름	큰반디쿠트쥐	두동장	16~36cm
몸무게	900g	수명	8년	식성	잡식
서식지	동남아시아, 대만, 중국, 인도, 스리랑카	먹는 지역	동남아시아

바퀴벌레와 함께 불결한 이미지가 있는 쥐. 하지만 이쪽도 바퀴벌레와 마찬가지로 집에 들어오는 종은 지저분하고, 자연에 서식하는 종은 청결하다고 해요. 큰반디쿠트쥐는 동남아시아의 논밭 지역에 널리 분포하는 쥐예요. 쥐치고는 꽤 크기가 크고 튼튼하고, 머리나 귀는 둥그스름해요. 몸보다 짧은 꼬리에는 털이 거의 자라지 않아요. 구멍 파기가 특기라 땅속에 커다란 구멍을 파고 거처로 삼아요.

뉴트리아라는 쥐도 식용으로 쓰여요

시궁쥐나 곰쥐는 해로운 균이 있는 경우가 많아 식용으로는 적합하지 않아요. 쥐를 먹는 지역에서도 먹는 건 큰반디쿠트쥐나 논쥐 등의 자연에서 자란 종이 대부분이에요. 베트남의 야생 쥐는 기생충이 거의 없다고 해요. 페루에서는 현지에서 '꾸이'라고 불리는 기니피그를 식용으로 삼는 문화가 있어요.

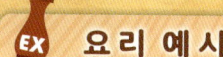 요리 예시

쥐 통구이

쥐 음식의 본고장인 베트남에서는 연간 몇천 톤에 달하는 쥐가 식용을 위해 포획되고 있어요.

사람과 같은 영장류
원숭이

이젠 먹을 수 없어요.

뇌수가 고급 식재료로 쓰인다고요?

유럽
아시아
일본
아메리카·오세아니아·아프리카

맛있는 정도

그럭저럭!

퀴즈 26
지구상에는 약 220종의 원숭이가 있어요. 그럼 일본에 서식하는 원숭이(사람을 제외)는 몇 종일까요?   ①1종 ②11종 ③21종

25의 정답   ①즐거우면 웃는다 기쁜 표정을 짓는 듯해요.

생물 데이터

동물 이름 흰손긴팔원숭이		**두동장** 42~59cm	
몸무게 5~7.6kg	**수명** ??년		**식성** 잡식
서식지 동남아시아		**먹는 지역** 동남아시아	

이름대로 팔이 길고, 긴 팔을 활용해 나무에서 나무로 이동해요. 걷는 건 서툴러서 하루 대부분을 나무 위에서 보내요. 영역 의식이 아주 강해 영역에 들어오려 하는 다른 긴팔원숭이를 1km 밖에서도 들릴 듯한 커다란 목소리로 위협해요. 머리의 중심은 검고 주변에 테두리 같은 하얀 털이 나 있어요. 나뭇잎이나 꽃, 곤충을 먹는 잡식성으로 특히 달콤한 열매를 좋아해요. 꼬리는 없어요.

옛날에는 일본에서도 원숭이를 먹었어요

옛날 중국에서는 원숭이를 산 채로 날뛰지 못하게 고정하고, 머리를 갈라 생 뇌수를 숟가락이나 빨대로 먹는 문화가 있었다고 해요. 현재 중국에서는 이러한 '원숭이 뇌'를 먹는 행위는 금지되어 있어요. 중국뿐만 아니라 원숭이 고기는 동남아시아나 아프리카 등에서 먹고 있어요. 쇼와 시대(1926~1989)까지 일본에서도 먹었다고 해요.

EX 요리 예시

원숭이 뇌

말 그대로 원숭이의 뇌를 먹어요. 진미 중 진미로, 당시에는 꽤 고급 요리였다고 해요.

최대 수생 곤충
물장군

유럽 | 아시아 | 일본 | 아메리카·오세아니아·아프리카

겉만 봐선 상상도 할 수 없는 향이라고!

맛있는 정도
맛있어요!

암컷과 수컷의 냄새가 달라요

퀴즈 27
물장군에 대한 설명으로 바른 것은 무엇일까요?
① 뒷다리로 먹이를 잡는다 ② 부성애로 유명하다 ③ 겨울에도 활동한다

26의 정답 ① 1종 일본에 서식하는 야생 원숭이는 일본원숭이뿐이에요.

생물 데이터

동물 이름	태국물장군	**몸길이**	수컷 64~77mm, 암컷 74~80mm
몸무게	??g	**수명**	??년
식성	육식		
서식지	동남아시아	**먹는 지역**	중국, 태국, 라오스, 인도차이나반도

잘 알려진 물장군과 겉모습이든 생태든 비슷하지만, 태국물장군은 눈이 둥글고 크며 앞다리가 짧다는 특징이 있어요. 동남아시아에 널리 서식하고 일본에서는 요나구니섬에서만 발견되었어요. 물속에 서식하는 곤충치고는 아주 커서 일본에서는 이들 이상으로 큰 수생 곤충은 발견되지 않았어요. 수컷에 비해 암컷이 훨씬 크게 자라요. 성충이 되면 독특한 냄새를 풍기지만, 그 냄새는 암수에 따라 달라요.

과일 향이 나는 물장군

서양배나 풋사과 같은 과일 향을 풍기는 수컷이 인기예요. 튀김이나 소금 절임 등으로 통째로 먹기도 하고, 분말로 갈아 향료나 조미료로 사용하기도 해요. 암컷은 향이 적지만 알을 품은 개체는 진미라고 해요. 한국과 일본의 물장군은 멸종위기종으로 지정되어 있어요.

EX 요리 예시

대만물장군 소금 절임

물장군 요리는 맛보다 향을 즐겨요. 그래서 향이 강한 수컷이 비싼 값에 거래되고 있어요.

곤충계의 톱 수영 선수
물방개

바삭바삭하고 건강에도 좋다고!

유럽 · 아시아 · 일본 · 아메리카 · 오세아니아 · 아프리카

맛있어요!

맛있는 정도

점점 사라지고 있는 수생 곤충

QUIZ 퀴즈 28

다음 중 실제로 존재하는 곤충은 어느 것일까요?
①가짜물방개 ②물방개미만 ③물방개붙이

㉗의 정답 ②부성애로 유명하다 수컷 물장군은 알이 부화할 때까지 쭉 곁에서 보호해요.

생물 데이터

동물 이름	물방개	**몸길이**	36~39mm
몸무게	??g	**수명**	??년	**식성**	육식
서식지	한국, 일본, 중국, 대만, 러시아	**먹는 지역**	중국, 태국, 베트남, 일본

성충의 몸은 평평한 달걀 모양에 광택이 있어요. 뒷다리는 물갈퀴가 되는 긴 털이 나 있어 아주 빠르게 헤엄칠 수 있어요. 앞다리는 수컷만 흡반형으로 되어 있어서 그곳으로 성별을 구분할 수 있어요. 육식이지만 적극적으로 먹이를 공격하진 않고 약해진 물고기나 물에 떨어진 곤충을 먹는 경우가 많아요. 유충일 때 몸이 가늘고 길며 물속에서 생활해요. 성장하면 뭍으로 올라와 땅속에서 번데기가 되어, 약 2주일 후 우화해요.

칼슘과 단백질이 풍부해요

물장군과 마찬가지로 중국이나 동남아시아에서 식용으로 쓰이고 있어요. 날개나 껍질은 겉보기대로 딱딱하지만, 몸은 비린내가 없고 먹기 편해요. 맛은 대두와 비슷하고 단백질과 칼슘이 풍부해요. 오래전 일본에서도 사방에 널려 있던 물방개를 먹는 문화가 존재했어요. 하지만 최근에는 물방개 수가 줄어 발견하는 것 자체가 특별한 일이 됐어요.

EX 요리 예시

생 물방개 튀김

통째로 먹는 생 튀김은 '드득드득'한 식감이에요. 날개나 껍질이 딱딱하기 때문에 꼭꼭 씹어 먹어야 해요.

독바늘을 지닌 헌터
전갈

식용 전갈의 독은 먹어도 괜찮아요

맛있는 정도
그럭저럭!

스낵 과자 같은 식감이야.

유럽
아시아
일본
아메리카·오세아니아·아프리카

QUIZ 퀴즈 29
다음 중 전갈에 대한 설명으로 틀린 것은 무엇일까요?
①거미류로 분류된다 ②사막에 사는 개체도 있다 ③주로 낮에 활동한다

28의 정답 ③물방개붙이 물방개붙이도 물방개과에 속해요.

생물 데이터

- **동물 이름**: 자이언트블루전갈
- **몸길이**: 100mm
- **몸무게**: 20g
- **수명**: ??년
- **식성**: 곤충
- **서식지**: 동남아시아, 인도
- **먹는 지역**: 중국

새카만 몸을 지닌 대형 전갈로 열대 지역 숲속 땅에서 생활해요. 견고한 독바늘이 있지만 독 자체는 그렇게 강하지 않아요. 참고로 전갈 독은 먹이인 곤충이나 작은 동물을 잡기 위해 쓰이기 때문에 사람처럼 큰 동물을 쓰러트릴 정도로 강한 독을 지닌 전갈은 극소수에 불과해요. 알에서 부화한 새끼들은 몸이 하얗고 어미의 등 위에 태워져서 보호받아요. 반려 전갈로 인기가 많아요.

전갈은 한방약에도 쓰여 왔어요

식용으로 쓰이는 전갈의 독은 애당초 강하지 않고 잘 가열하면 먹어도 괜찮다고 해요. 통째로 먹는 게 일반적이며 과자 같은 바삭바삭한 식감을 즐길 수 있어요. 맛이나 식감은 새우와 비슷해요. 집게가 아주 단단해 씹으면 '부드득' 하는 소리가 나요. 특히 중국에서는 예로부터 먹어 온 인기 식재료예요.

EX 요리 예시

생 전갈 튀김

딱 봐도 전갈이죠. 참고로 식용 전갈은 인터넷 등에서도 간단히 살 수 있어요.

명주실 뽑기 전문가
누에

사람의 도움 없이는 살지 못해요

어때? 군더더기가 없지?

맛있는 정도: 맛있어요!

QUIZ 퀴즈 30
사람이 누에를 기르기 시작한 건 언제쯤부터일까요?
① 1,000년 전 ② 2,000년 전 ③ 3,000년 이상 전

29의 정답 ③주로 낮에 활동한다 전갈은 야행성이에요.

생물 데이터

- **동물 이름**: 누에
- **몸길이**: 60mm
- **몸무게**: 2g
- **수명**: 1달 반, 우화 후 1~2주 사이
- **식성**: 뽕나무 잎 (유충 시기)
- **서식지**: 선조인 멧누에나방은 동아시아에 서식
- **먹는 지역**: 한국

명주실을 얻기 위해 사람 손에 의해 길러진 곤충으로 야생종은 존재하지 않아요. 스스로 먹이를 얻지 못하고, 사람의 손을 거치지 않으면 살 수 없어요. 날개는 있지만 날지 못해요. 알에서 유충으로, 유충에서 번데기로, 번데기에서 성충으로 변태하지만 일생이 고작 한 달 반으로 아주 짧아요. 성충이 된 이후로는 아무것도 먹지 않고 300~400개의 알을 낳은 뒤 3일 정도에 죽어요.

중화요리 식재로도 이용돼요

단백질을 많이 함유하고 있어 먹으면 피부에 좋다고도 하는 누에. '번데기'는 누에의 번데기를 쪄서 간장 등으로 양념한 한국의 전통 요리예요. 대부분 노상이나 술안주로 먹으며 간식으로도 팔리고 있어요. 하지만 독특한 냄새 때문인지 최근에는 즐겨 찾는 사람이 줄어들고 있는 듯해요.

EX 요리 예시

번데기

한국에서는 간식으로 먹는 번데기. 단백질이 많고 피부에 좋다고 해요.

날개가 아름다울수록 인기 있는
공작

유럽 | 아시아 | 일본 | 아메리카·오세아니아·아프리카

일본 이시가키섬에 많이 있어요

맛있게 조리해 줘!

맛있는 정도

이건 좀…!

퀴즈 31
수컷 공작이 암컷에게 구애하기 위해 날개를 펴는 행위를 뭐라 부를까요?
① 모니터 ② 디스플레이 ③ 태블릿

30의 정답 ③ 3,000년 이상 전 기원전 15세기경 중국에서 시작했다고 알려져 있어요.

생물 데이터

- **동물 이름** 인도공작
- **몸길이** 2.3m
- **몸무게** 4~6kg
- **수명** ??년
- **식성** 잡식
- **서식지** 인도, 스리랑카, 네팔, 파키스탄
- **먹는 지역** 중국, 일본

수컷 공작이 꽁지깃을 크게 펼치는 건 암컷에게 구애하기 위함이에요. 꽁지깃의 길이는 1.5m에 달하며 눈알 모양이 많으면 많을수록 암컷에게 인기가 많은 듯해요. 인기 있는 수컷은 복수의 암컷을 거느리고 하렘을 형성하기도 해요. 한편 암컷은 아름다운 장식 깃털이 없고 전체적으로 갈색 비슷한 색깔을 지녔어요. 전혀 날지 못하는 건 아니지만 나는 게 특기가 아니라 유유히 걸어 이동하는 일이 많아요.

꿩과에 속한 새는 기본적으로 비린내가 심해요

아주 우아한 겉모습을 지닌 공작이지만 고기는 딱딱하고 비린내도 심해서 맛있게 먹기에는 많은 수고가 필요하다고 해요. 일본 오키나와현 이시가키섬에서는 야생화된 공작이 늘어 문제가 되었어요. 그래서 섬에서는 현재 공작 고기를 식용화했다고 해요. 언젠가 공작 요리가 이시가키섬의 명물이 될지도 모르죠?

EX 요리 예시

공작 구이

아름다운 깃털을 뽑으면 겉모습은 칠면조와 비슷해요. 참고로 공작의 알도 식용으로 쓸 수 있어요.

셀 수 없을 정도로 많은 다리
지네

맛있는 정도
그럭저럭!

건강을 위해 먹어 볼래?

유럽
아시아
일본
아메리카·오세아니아·아프리카

지네 독은 열에 약해요

QUIZ 퀴즈32
보다시피 다리가 많은 지네. 그럼 지네를 한자어로 쓰면 어떻게 될까요?
①백 개의 다리(百足) ②천 개의 다리(千足) ③만 개의 다리(萬足)

㉛의 정답 ②디스플레이 동물이 몸이나 동작으로 구애하는 행동을 디스플레이라고 불러요.

생물 데이터

동물 이름	붉은머리왕지네	**몸길이**	10~15cm
몸무게	??g	**수명**	??년
서식지	아시아 동부	**식성**	육식
		먹는 지역	중국

최대 몸길이 20cm에 달하는 거대한 지네예요. 다리 색깔이 붉거나 황색인 등 개체에 따라 차이가 있어요. 무는 힘이 아주 강한 데다 물 때 독을 주입해요. 성격은 공격적이고 바퀴벌레나 귀뚜라미 같은 곤충뿐만이 아니라 쥐 같은 작은 동물을 공격하기도 해요. 추운 날씨에 약해 겨울이 되면 활동을 거의 하지 못해요. 암컷은 80개가량의 알을 낳고 곰팡이가 피지 않도록 알을 계속 핥으며 부화를 기다려요.

중국에서는 고급 식재료로 쓰여요

많은 사람에게 기분 나쁜 곤충 중 톱클래스일 지네는 체내에 독을 지녔지만, 열을 단단히 가하면 먹을 수 있다고 해요. 식용 곤충은 통째로 먹는 경우가 많지만, 지네는 어느 부위를 먹어도 식감이 다르지 않은 게 포인트예요. 맛은 쌉쌀하고 약 같은 풍미가 있어요. 중국에서는 예로부터 한약으로도 쓰여 왔어요.

EX 요리 예시

지네 튀김

중국에서 먹는 지네 요리. 독이나 기생충 등의 문제가 있어 생으로 먹는 건 매우 위험해요.

얼굴 중심에 흰 선
흰코사향고양이

유럽 · 아시아 · 일본 · 아메리카 · 오세아니아 · 아프리카

나를 먹으면 감기를 예방할 수 있다고 해.

맛있는 정도

맛있었어요!

일본에서는 해로운 동물, 중국에서는 고급 식재료

QUIZ 퀴즈 33
민가에도 숨어드는 흰코사향고양이. 흰코사향고양이의 특기가 아닌 건 무엇일까요? ①점프 ②구멍 파기 ③나무 오르기

32의 정답 ①백 개의 다리(百足) 실제로는 300개 이상의 다리를 지닌 지네도 발견돼요.

생물 데이터

동물 이름 흰코사향고양이	**두동장** 50~75cm
몸무게 3~5kg	**수명** ??년	**식성** 잡식
서식지 동남아시아	**먹는 지역** 중국

얼굴 중심의 흰 선이 트레이드 마크로 '백비심'이라는 별명의 유래이기도 해요. 꼬리는 검고 몸과 비슷할 만큼 길어요. 나무 오르기가 특기이며 나무 위에서 생활하는 경우가 많아요. 성격이 겁쟁이라 자신보다 큰 동물을 공격하는 일은 거의 없지만 예리한 발톱과 이빨을 지녔어요. 일본에도 서식하고 있지만 원래 일본에 살던 종인지, 해외에서 들어온 종인지는 명확히 밝혀지지 않았어요.

부드럽고 맛있다는 평

일본에서는 해로운 짐승 취급을 받는 흰코사향고양이지만, 중국에서는 고급 식재료로서 끓인 국 요리 등으로 활용되고 있어요. 그 자체로도 맛이 강렬해 진한 요리가 되는 경우가 많아요. 야생 동물이기 때문에 벼룩과 진드기, 기생충이 있어 조리 시에 불을 잘 쓰지 않으면 위험해요. 하지만 과거에는 SARS 바이러스를 운반하는 동물로 의심되어 시장에서 모습을 감추기도 했어요.

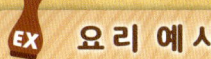 **요리 예시**

푹 끓인 흰코사향고양이 국

흰코사향고양이 음식의 본고장인 중국에서는 감기 예방 효과가 있다고 믿어서 겨울 전에 먹는 경우가 많아요.

삼각형 머리를 주의하세요

살무사

유럽 | 아시아 | 일본 | 아메리카·오세아니아·아프리카

위험한 독을 지닌 작은 독뱀

같은 뱀이어도 종류에 따라 맛이 달라.

맛있는 정도
맛있어요!

퀴즈 34

다음 중 살무사를 야생에서 보기 어려운 시기는 언제일까요?
①4월 ②8월 ③12월

33의 정답 ②구멍 파기 엄청난 신체 능력을 보유했지만, 구멍 파기는 미숙해요.

생물 데이터

동물 이름	짧은꼬리살무사	몸길이	70cm
몸무게	??kg	수명	??년
식성	개구리, 지네 등		
서식지	한국, 중국 북동부	먹는 지역	중국

위턱에 두 개의 독니가 나 있어요. 턱에 독액을 내뿜는 근육이 붙어 있어 아가미가 달린 삼각형에 가까운 용모예요. 일반적인 뱀은 봄에 교미하지만 살무사는 여름 끝자락에 교미해요. 또 알이 아니라 뱃속에서 부화한 새끼 뱀을 낳는 것도 특징이에요. 눈은 별로 안 좋지만, 동물의 체온을 감지하는 '피트'라는 기관을 지녀 어둠 속에서도 먹잇감을 찾을 수 있어요.

먹으면 정력에 좋다고 알려져 있어요

광둥 요리에서는 뱀이 예로부터 식재료로 쓰여 왔어요. 살무사의 고기는 담백한 맛으로 생선이나 새고기와 비슷하다고 해요. 다만 뼈가 많아서 먹는 게 쉽진 않아요. 살무사는 예전부터 스태미나식 식재료로 알려져 있었고, 산 채로 살무사를 술로 담근 '살무사주'나 살무사를 분말로 만든 한방약 등으로 팔리고 있어요.

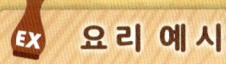
EX 요리 예시

살무사 수프

고기 맛은 아주 담백해요. 같은 뱀이라도 청대장(일본 고유종)은 비린내가 심해 식용으로는 부적합하다고 해요.

유일한 체형
개복치

이래 봬도 복어의 친척

담백한 맛이 난다고!

맛있는 정도

맛있어요!

QUIZ 퀴즈 35
개복치의 특징은 다음 중 무엇일까요?   ①어류 중 가장 헤엄이 빠르다
②어류 중 가장 많은 알을 낳는다 ③어류 중 가장 크다

34의 정답   ③12월 살무사는 겨울에는 겨울잠을 자요.

생물 데이터

- **동물 이름** 개복치
- **몸길이** 3.3m
- **몸무게** 2t
- **수명** ??년
- **식성** 해파리, 새우, 게 종류
- **서식지** 전 세계 온대와 열대 바다
- **먹는 지역** 한국, 대만, 일본

새끼일 때는 다른 물고기와 마찬가지로 꼬리지느러미가 있지만, 성체가 되면 사라져 독특한 생김새를 갖게 돼요. 위아래로 하나씩 부리 같은 예리한 이빨을 지니며 해파리나 새우, 게 등을 먹어요. 느긋한 성격으로 빠르게 헤엄치는 건 서툴러요. 종종 해수면에 몸을 옆으로 눕히고 낮잠을 자요. 낮잠을 자는 건 새들이 기생충을 먹게 하려는 것(개복치는 기생충이 붙기 쉬워요)이라고도 하고 일광욕하기 위함이라고도 해요.

신선한 개복치는 생선회로도 먹어요

실은 일본에서도 오래전부터 먹어 온 생선으로 생선 가게에서도 팔고 있어요. 살은 탱탱한 식감으로 담백한 맛을 느낄 수 있어요. 간이 살보다 맛있다고 하며 살과 간을 함께 먹는 일이 많아요. 길고 긴 창자도 진미라고 해요. 참고로 '빨간개복치'라는 별명이 있는 심해어인 붉평치도 식용으로 삼지만, 개복치와 붉평치는 친척이 아니에요.

EX 요리 예시

개복치 볶음

대만에서는 개복치를 잘 먹어요. 특히 카렌현이라는 지역은 개복치 요리가 명물이라고 해요.

자라

물면 놓지 않아요

일본에서는 친숙한 식용 거북이

전골 요리나 죽…… 먹는 방법이 다양해요!

유럽 / 아시아 / 일본 / 아메리카 · 오세아니아 · 아프리카

맛있는 정도
맛있어요!

퀴즈 36
만약 자라에게 물리면 어떻게 해야 할까요?
① 휘두른다 ② 등딱지를 두드린다 ③ 물속에 넣는다

35의 정답: ② 어류 중 가장 많은 알을 낳는다 알의 수는 1억 또는 3억 개라고 해요.

생물 데이터

- **동물 이름** 자라
- **갑장** 20~30cm
- **몸무게** 1.2kg
- **수명** ??년
- **식성** 주로 동물성
- **서식지** 동아시아
- **먹는 지역** 한국, 중국, 일본

보다시피 거북의 친척으로, 거북이 딱딱한 등딱지를 메고 있는 것에 반해 자라의 등은 껍질 같은 피부로 덮여 있어요. 헤엄치는 게 특기이며 산란과 일광욕할 때를 제외하고는 물 속에서 생활해요. 자라라고 하면 '곧잘 무니 위험'하다는 이미지가 있지만, 실제 성격은 아주 겁쟁이예요. 확실히 턱 힘은 아주 세지만 이빨이 없고 몸을 지킬 때를 제외하고는 거의 물지 않아요.

고급 식재료로 알려진 자라

자라 전골이나 자라 죽 등, 자라 요리는 일본에서도 예로부터 친숙했어요. 맛이 좋은 건 물론 전신 대부분을 먹을 수 있고 등딱지까지도 맛국물 재료로 이용할 수 있어요. 또 콜라겐이 많이 함유된 것으로 알려져 보충제 등에도 이용되고 있어요. 세계 3대 미인 중 한 명인 양귀비도 즐겨 먹었다고 해요.

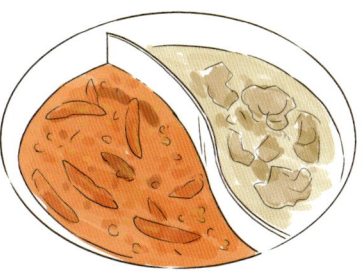

EX 요리 예시

자라 훠궈

가라아게 등도 맛있지만 자라는 전골 요리가 정석이에요. 위 사진은 중국의 매운 전골 요리인 '훠궈'예요.

신기한 겉모습
개불

개 불알 같다고 하지 마

꼬추라고 부르지 말라고요 …….

맛있는 정도
그럭저럭!

 퀴즈 37
바다에 서식하는 개불. 그럼 개불은 무엇으로 쓰일까요?
① 낚시 미끼 ② 선크림 ③ 상어 퇴치

36의 정답 ③ 물속에 넣는다 물속에 넣으면 안심하고 무는 걸 멈춰요.

생물 데이터

동물 이름	개불	몸길이	10~30cm
몸무게	??g	수명	??년
식성	미생물의 사체		
서식지	한국, 동해 연안, 산둥반도	먹는 지역	한국, 중국, 일본

개불은 바닷속에서 생활하는 무색무취 동물이에요. '환형동물'이라는 종에 속하며 지렁이 등과 친척 사이예요. 소시지 같은 몸은 부드럽고 전방에 입이, 후방에 항문이 있어요. 몸 길이는 10~30cm이지만, 자유자재로 늘이고 줄일 수 있어요. 얕은 해저의 모래밭에 서식하면서 구멍을 파고 살아요. 먹이는 미생물 사체 등이에요. 태풍이 불면 대량의 개불이 건져지기도 한다고 해요.

맛보다는 식감이 훌륭해요

겉모습 때문에 꼬추라고 불리는 일도 많은 개불. '개불'이라는 이름에도 '개의 불알'이라는 의미가 있다고 해요. 맛있는 시기는 겨울로, 살아 있는 개불에서 내장을 빼고 조리해요. 한국에서는 식재료로 유통되고 있으며 회로 먹는 일이 많고, 희미한 단맛과 쫄깃쫄깃한 식감을 즐길 수 있어요.

EX 요리 예시

개불 생선회

일본에는 거의 알려지지 않은 식재료지만, 홋카이도 일부 지역에서는 '룻츠'라고 불리며 식용으로 쓰이고 있어요.

하여간 난폭해요
베짜기개미

유럽 | 아시아 | 일본 | 아메리카·오세아니아·아프리카

알은 태국의 고급 식재료 '카이못댕'

톡톡 터지는 식감이에요!

맛있는 정도
맛있어요!

퀴즈 38 다음 중 개미의 천적으로 알려진 생물은 무엇일까요?
①호랑나비의 번데기 ②블랙배스 ③명주잠자리의 유충

37의 정답 ①낚시 미끼 참돔이나 가자미 등의 커다란 물고기를 잡을 때 적합해요.

86

생물 데이터

동물 이름	베짜기개미	몸길이	7~12mm
몸무게	0.005g	수명	??년
		식성	육식
서식지	동남아시아, 오스트레일리아	먹는 지역	태국, 오스트레일리아

나무에 자란 잎 2장을 성체 병정개미들이 턱을 사용해 끌어당기면, 유충 개미가 실을 뿜어서 그 실로 나뭇잎끼리 엮어요. 베짜기개미는 이걸 반복해 만든 15cm가량의 둥지에 서식하는 게 큰 특징이며 이름의 유래이기도 해요. 성격은 아주 공격적이고 자신보다 몇 배나 큰 곤충이나 작은 동물을 먹이로 삼기도 해요. 꼬리 끝에서 독을 내뿜어 적이나 먹이를 공격하는 데 사용해요.

태국에서는 소고기보다 비싸요

카이못댕은 베짜기개미의 알을 뜻하는 태국 말이에요. 태국 동북부에서 친숙하며 톡톡 터지는 식감을 즐길 수 있다고 해요. 맛은 피넛처럼 달콤해요. 또 베짜기개미 자체에도 레몬 같은 산미가 있어 식용으로 쓰이고 있어요. 오스트레일리아에서는 베짜기개미를 물에 섞어 마시기도 해요.

EX 요리 예시

카이못댕

베짜기개미와 베짜기개미의 알을 같이 먹는 태국 향토 요리예요. 일식으로 치면 오야코동(닭고기 계란 덮밥)과 비슷할지도?

화려한 옥색
비단벌레

유럽 | 아시아 | 일본 | 아메리카·오세아니아·아프리카

쓸모없는 부위가 없어요!

몸은 식용으로, 날개는 액세서리로

맛있는 정도
그럭저럭!

QUIZ 퀴즈 39
벨기에 왕궁에는 비단벌레 날개를 깔아 둔 천장이 있어요. 몇 마리의 비단벌레가 쓰였을까요? ①1만 마리 ②10만 마리 ③100만 마리 이상

38의 정답 ③명주잠자리의 유충 │ 일명 '개미귀신'. 개미귀신은 모래밭에 절구 모양의 둥지를 만들고 그 속에 떨어지는 개미를 먹어요.

생물 데이터

동물 이름	비단벌레	**몸길이**	25~40mm
몸무게	??g	**수명**	??년
식성	팽나무 등의 잎		
서식지	한국, 일본, 중국, 대만	**먹는 지역**	태국, 라오스

매우 특징적이고 화려한 옥색을 띠고 있는 비단벌레. 마치 금속 같은 광택이 있고 몸 색깔은 빛의 정도에 따라 다르게 보여요. 곤충의 천적인 새는 색이 바뀌는 것을 무서워하므로 비단벌레의 몸 색깔은 새를 피하는 기능이 있다고 생각돼요. 유충은 마른 나무 속에 서식하며 목재를 먹고 성장해요. 2~3년 정도 지나면 번데기가 되고 우화한 후 나무 구멍을 벗어나 밖으로 나와요.

입에 대면 희미한 나무 향이 나요

곤충 음식의 본고장인 태국에서는 비단벌레를 한 번 뜨거운 물에 데친 후 볶거나 튀겨 먹는 경우가 많아요. 본격적인 요리 재료로 사용되기도 하고, 볶았을 뿐 간을 거의 하지 않은 채 보존 식품으로 먹기도 해요. 비단벌레의 가장 큰 특징인 아름다운 날개는 조리 전에 떼고 가공해서 액세서리로 만든다고 해요.

EX 요리 예시

비단벌레 볶음

태국에서는 비단벌레 성충을 식재료로도 장식품 재료로도 활용해요. 낭비하는 구석이 없는 사용법이죠.

아름다운 소리로 울어요
귀뚜라미

훌륭한 식재로 큰 관심

저, 지금 인기 식재료예요!

맛있는 정도
맛있어요!

QUIZ 퀴즈 ④⓪
귀뚜라미는 아주 우수한 귀를 지녔어요. 그럼 그 귀가 있는 위치는 어디일까요?
① 눈 옆 ② 앞다리 ③ 등

㊴의 정답 ③100만 마리 이상 약 140만 마리의 비단벌레가 쓰였다고 해요.

생물 데이터

동물 이름 쌍별귀뚜라미		**몸길이** 30~33mm	
몸무게 1g	**수명** 1년	**식성** 잡식	
서식지 난세이 제도, 대만, 동남아시아		**먹는 지역** 동남아시아	

귀뚜라미라고 하면 우는 곤충으로 유명해요. '운다'고 하지만 목소리를 내는 건 아니고, 깔쭉깔쭉한 것이 붙은 쪽의 날개를 다른 한쪽 날개에 비벼 소리를 내요. 쌍별귀뚜라미는 '리리리♪', 왕귀뚜라미는 '코로로로♪' 등 우는 소리가 종에 따라 다르지만, 어떤 종이든 우는 건 거의 수컷뿐이에요. 수컷은 이렇게 우는 행위로 동료를 모으거나 암컷에게 구애하고 있답니다.

맛 좋고 영양 좋은 귀뚜라미

곤충 음식이 세계적으로 주목을 받고 있지만, 그중에서도 대표적인 존재가 귀뚜라미예요. 맛은 새우와 비슷해 맛있고 단백질 등 영양분이 풍부해요. 조리가 간단하고 대량 양식이 가능해요. 일본에는 이미 귀뚜라미 전병이나 귀뚜라미 라멘이 있어요. 인구가 계속 늘고 있는 지구의 미래 식탁을 지탱하는 건 귀뚜라미일지도 몰라요.

EX 요리 예시

귀뚜라미 가라아게

잡식인 귀뚜라미는 주식이었던 먹이에 의해 맛이 달라진다고 해요. 양식 귀뚜라미의 질도 더욱 올라가겠네요.

동물 똥을 좋아해요

소똥구리

단백질이 풍부하다고!

맛있는 정도
그럭저럭!

고단백질인 숲속의 청소부

유럽 · 아시아 · 일본 · 아메리카 · 오세아니아 · 아프리카

QUIZ 퀴즈 ㊶ 소똥구리는 '갑충'이라고 불리는 종에 속하는 곤충이에요. 그럼 다음 중 갑충이 아닌 것은 무엇일까요?   ①잠자리 ②무당벌레 ③반딧불이

㊵의 정답 ②앞다리 귀뚜라미나 여치의 귀는 앞다리의 굽은 부분에 있어요.

생물 데이터

동물 이름 뿔소똥구리	**몸길이** 18~34mm
몸무게 ??g	**수명** ??년	**식성** 동물의 똥
서식지 한국, 일본, 중국, 몽골 등	**먹는 지역** 태국 등

초식 동물의 똥을 좋아해요. 똥 속을 헤집기 쉽도록 앞다리에 삐죽삐죽한 게 있어요. 소똥구리에게 있어 동물의 똥은 식량일 뿐만 아니라 새끼의 방이기도 해요. 그들의 알은 둥지 안에 모아 둔 똥 속에 파묻히고, 부화한 유충은 주변의 똥을 먹으며 성장해요. 장수풍뎅이와 마찬가지로 '갑충'으로 분류되며 수컷의 머리에는 뿔이 하나 있어요. 수컷은 이 뿔을 사용해 암컷을 빼앗거나 먹이를 지켜요.

성충뿐만 아니라 유충도 먹어요

여름이 되면 일본에서 자주 눈에 띄는 소똥구리. 소똥구리나 장수풍뎅이 등의 갑충에 포함된 단백질의 양은 곤충 중에서도 뛰어나요. 주변에서 찾기도 쉬워서 아프리카 일부 지역에서는 그들이 귀중한 영양원이에요. 태국이나 라오스에서는 번데기가 되기 직전인 유충도 인기가 많아 조림 등으로 쓰여요.

EX 요리 예시

생 소똥구리 튀김

소금을 뿌리고 통째로 먹는 생 소똥구리 튀김. 분류뿐만 아니라 맛도 장수풍뎅이와 비슷하다고 해요.

나비보다 더러운 건 아니에요
나방

유충은 부드러운 식감이라 맛있어!

맛있는 정도

맛있었어요!

나방류는 유충이 식용으로 인기

유럽 | 아시아 | 일본 | 아메리카·오세아니아·아프리카

QUIZ 퀴즈 ㊷
일본 요나구니섬에 서식하는 아틀라스나방은 어떤 특징을 지녔을까요?
① 전 세계에서 제일 크다 ② 전 세계에서 제일 작다 ③ 전 세계에서 제일 장수한다

㊶의 정답 ① 잠자리 무당벌레는 딱정벌레목이에요. 잠자리는 잠자리목에 속해요.

생물 데이터

동물 이름	대나무뿔나방(일본명)	**몸길이**	유충 3.5~4cm, 성충 2cm
몸무게	??g	**수명**	??년
		식성	대나무
서식지	동남아시아	**먹는 지역**	중국, 태국 등

'나비는 깨끗하고 나방은 더럽다'라는 말도 있지만, 나비와 나방은 같은 나비목에 속하고 더러운 건 명확히 구분되지 않아요. 나방 종류는 나비에 비해 20배 이상 많고, 나비에 지지 않을 정도로 아름다운 날개를 가진 나방도 많아요. 대나무뿔나방도 그중 하나로서 광택이 있는 아주 아름다운 날개를 지녔어요. 유충은 부화하면 대나무 구멍에서 생활하고 대나무를 먹으며 성장해요. 이 때문에 유충은 '대나무 벌레(뱀부 웜)'라고도 불려요.

중국이나 태국에서는 인기 많은 식재료예요

성충은 식용에 적합하지 않지만, 유충이나 번데기는 부드러운 맛이라는 평판이에요. '대나무 벌레'라고 불리는 것처럼 대나무를 먹고 자라기에 은은한 대나무 향을 즐길 수 있고, 태국에서는 특산품 과자가 된 대나무 벌레가 판매되고 있어요. 나방이나 나비 유충은 단백질과 철분이 풍부해서 아프리카에서도 식용으로 쓰이고 있어요.

EX 요리 예시

생 대나무 벌레 튀김

중국이나 태국에서 먹는 대나무 벌레. 겉은 바삭바삭하고 속은 부드러워요. 이 맛에 사로잡힌 사람도 많아요.

사막에 적합한 몸
낙타

트레이드 마크인 혹은 지방 덩어리

어린 쪽이 더 맛있나 봐.

맛있는 정도
맛있어요!

QUIZ 퀴즈 43
낙타의 서식지인 중동에서는 낙타를 사용해 어떤 경기를 벌이고 있을까요?
①낙타 씨름 ②낙타 경주 ③낙타 축구

42의 정답 ①전 세계에서 제일 크다. 날개를 펼치면 30cm에 달한다고 해요.

생물 데이터

- **동물 이름**: 단봉낙타
- **두동장**: 2~3.5m
- **몸무게**: 450~650kg
- **수명**: ??년
- **식성**: 초식
- **서식지**: 서아시아, 아프리카 북부
- **먹는 지역**: 서아시아, 이집트

사막 등 건조한 땅에 적합한 몸을 지녔어요. 혹 안에는 지방이 쌓여 있고 먹이가 부족할 때는 이 지방을 물과 에너지로 사용해요. 그래서 오랜 기간 물을 마시지 않고도 생존할 수 있지만, 일단 물을 마시기 시작하면 한 번에 100ℓ씩 미리 마셔 둘 때가 있다고 해요. 속눈썹은 눈에 모래가 들어가지 않도록 길고, 발끝은 모래에 빠지지 않도록 커요. 또 모래 먼지를 막기 위해 콧구멍을 닫을 수도 있다고 해요.

주로 8살 전후인 낙타가 식용

넓적다리는 씹는 맛이 있고 농후한 맛이 나는 낙타. 양고기가 연령에 따라 램과 머튼으로 나뉘는 것처럼 낙타 고기도 연령에 따라 맛과 식감이 크게 달라져요. 특히 어린 낙타의 고기는 '하시'라고 불리며 인기가 많아요. 지방 덩어리인 혹도 먹을 수 있어요. 또 낙타의 서식지에서는 낙타 젖도 소중히 관리해요.

EX 요리 예시

낙타 하시

1살 미만인 낙타는 비린내가 적고 고기가 부드러워요. '하시'라고 불리며 현지의 명물로 자리매김했어요.

생물 데이터

- **동물 이름** 차우차우
- **두동장** 50cm
- **몸무게** 20~32kg
- **수명** 12년
- **식성** 잡식
- **서식지** 중국
- **먹는 지역** 중국

사람은 여태까지 수많은 동물을 가축화해 왔지만, 그중에서도 최초로 사람과 살기 시작한 건 개예요. 늑대를 선조로 두고 지금으로부터 2만 년 이상 전에 개와 늑대가 나뉘었다고 여겨져요. 유럽을 중심으로 수많은 품종이 만들어져 비공식적인 것도 합하면 700~800종에 달한다고 해요. 반려동물로서, 또는 몸이 불편한 사람을 돕는 안내견으로서 사람들과 함께 생활해요.

법으로 개 음식을 금지하는 나라도 있어요

아시아에는 개를 먹는 식문화가 있고 전문 레스토랑도 있어요. 보신탕은 개고기를 사용한 한국의 전통 국 요리예요. 장어처럼 정력에 좋다고 알려져 있어요. 하지만 일본을 포함한 외국에서는 개고기 식용에 반대하는 목소리가 커요. 한국에서도 젊은 층을 중심으로 인기가 떨어지고 있어요.

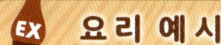 요리 예시

보신탕(개장국)

개고기를 파, 부추, 깻잎 등과 곁들여 매콤한 수프로 만들어요. 여름철에 몸보신에 도움이 된다고 해요.

제3장

일본에서 먹는 생물

사람들이 알지 못할 뿐, 실은 일본에서도 의외의 생물을 먹고 있어요. 역시 그 땅의 환경이나 문화 차이로 일본에서 먹는 음식이 특별할 수 있어요.

유럽

아시아

일본

아메리카 · 오세아니아 · 아프리카

▲ 복어 회(125쪽)

갑옷으로 덮인 심해 생물
대구족충

**은근히 귀엽고
은근히 맛있어요**

이래 봬도
단단하다고요!

맛있는 정도
맛있어요!

QUIZ 퀴즈 45
적에게 공격당해 위험에 처한 대구족충은 어떻게 몸을 보호할까요?
① 몸을 둥글게 만다 ② 눈에서 빛을 뿜는다 ③ 입에서 독한 냄새를 뿜는다

44의 정답 ② 초콜릿 개가 초콜릿을 먹으면 구토, 설사, 쇼크, 심하면 사망에도 이를 수 있어요.

생물 데이터

동물 이름 대구족충	**몸길이** 15cm		
몸무게 40g	**수명** ??년	**식성** 동물 사체	
서식지 스루가만 이남의 심해	**먹는 지역** 일본		

학명은 'Bathynomus doederleinii'. '구족'은 갑옷을 지칭하며 단단한 껍질을 지녀서 이름에 붙여졌어요. 공벌레 등과 마찬가지인 '등각류'라는 종으로 심해에 서식하고 있어요. 해저에 가라앉은 생물의 사체를 먹는 것에서 바다의 청소부로도 알려져 있어요. 한번 먹이를 먹으면 그 이후 거의 움직이지 않아 다음 식사를 하기까지 한 달 이상 걸리기도 해요. 최근에는 "기분 나쁘지만 귀여워!"라며 수족관의 인기 스타가 됐어요.

열을 가해도 붉게 변하지 않아요

단단한 껍질을 가르면 게처럼 하얀 살이 보여요. 한 마리 분량의 살코기는 상당히 적지만 맛 자체는 새우와 게 같은 단맛이 있어 맛있어요. 껍질은 단단하고 식용에 적합하지 않아요. 또 내장도 쓴맛이 강해 먹을 때 제거하고 먹는 경우가 많아요.

EX 요리 예시

대구족충 가라아게

당장이라도 살아 움직일 것만 같은 대구족충 가라아게. 맛은 좋지만 먹을 수 있는 부분이 적어 아쉬워요.

가시는 천 개까진 아니에요

가시복

복어와 친척 사이지만 독이 없어요

따끔따끔할 거라고~.

맛있는 정도

맛있어요!

퀴즈 46
부풀면 원래 크기의 2배 정도가 되는 가시복. 부풀기까지 시간은 얼마나 걸릴까요?   ①약 1초   ②약 5초   ③약 10초

45의 정답   ③입에서 독한 냄새를 뿜는다   입에서 독한 냄새가 나는 액체를 뿜어 몸을 보호한다고 해요.

생물 데이터

- **동물 이름** 가시복
- **몸길이** 30cm
- **몸무게** ??g
- **수명** ??년
- **식성** 조개류, 갑각류
- **서식지** 전 세계 열대, 아열대
- **먹는 지역** 대만, 일본

가시복의 가시는 비늘이 변한 거예요. 적에게 발견되면 몸을 부풀려 비늘이 변화한 몸 표면의 가시를 세워서 자신을 크게 보이려 하죠. 일본에서는 '하리센본(가시 천 개)'이라고 불리는데, 가시복의 잔뜩 난 가시에서 온 이름이지만 사실 그 개수는 300~400개 정도예요. 위턱과 아래턱에 하나씩 판 같은 이빨을 지녀 딱딱한 조개나 갑각류 등을 씹어서 으깨 먹어요. 복어에 속하지만 독은 없어요.

오키나와에서는 생선 가게에서 팔리고 있어요

일본 오키나와에서는 가시복을 '아바사'라고 부르며, 아바사를 국물로 우려낸 아바사 국이 알 만한 사람은 다 아는 현지 요리로 자리매김했어요. 다만 한 마리에서 얻을 수 있는 살코기가 많지 않아요. 식용으로 할 때는 트레이드 마크인 가시를 피부째로 벗겨 버려요. 복어에 속하지만 독이 없어 면허 없이도 조리할 수 있어요.

EX 요리 예시

아바사 국

오키나와에서는 고급 요리로 대접받는 아바사 국이에요. 농후한 국물이 나와 아주 맛있어요.

생물 데이터

동물 이름	반달가슴곰	**두동장**	120~180cm
몸무게	수컷 50~120kg, 암컷 40~70kg	**수명**	??년
		식성	잡식
서식지	한국, 아시아, 러시아 동부, 일본	**먹는 지역**	일본, 중국

일본에 서식하는 육상 동물 중 큰곰 다음으로 커요. 사람을 공격한 적 있다는 데서 꽤 난폭한 동물이라는 이미지가 있지만 실제로는 주로 식물을 먹으며 생활해요. 겨울이 되면 동면에 빠지고 암컷은 동면 중에 출산해요. 갓 태어난 새끼는 400g 정도로 작고 어미와 함께 동면해 굴속에서 성장해요. 시속 50km로 달리는 게 특징이고 시력은 좋지 않지만 후각이 뛰어나요.

곰은 전부 음식으로 즐길 수 있어요

곰 고기는 예로부터 일본에서 먹어 왔어요. 사슴이나 멧돼지에 비하면 포획되는 수가 적고 현재도 귀중한 식재료예요. 시기는 겨울을 대비해 지방을 잔뜩 저장한 가을경이 좋아요. 홋카이도에 서식하는 큰곰도 식용으로 쓰여요. 그중에서도 도토리를 많이 먹는 곰의 고기가 맛있어요. 중국에서는 곰 발바닥이 특별한 식재료로 유통되고 있어요.

EX 요리 예시

곰 메밀국수

최대 매력은 기름의 단맛이에요. 소고기와 돼지고기와는 다른 짙은 맛으로 씹으면 씹을수록 감칠맛을 느낄 수 있어요.

종이는 별로 좋아하지 않아

염소

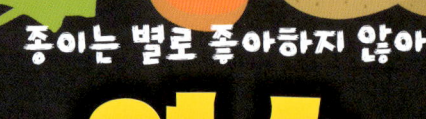

유럽 | 아시아 | **일본** | 아메리카·오세아니아·아프리카

일본 오키나와에 뿌리내린 염소 식문화

맛에 비린내가 강해!

맛있는 정도

맛있어요!

QUIZ 퀴즈 48

염소라고 하면 풀을 먹고 생활하는 초식 동물이죠. 그럼 염소의 입안은 어떻게 돼 있을까요? ①이빨이 없다 ②윗니가 없다 ③아랫니가 없다

47의 정답 ②검정 털 밑의 피부는 검어요.

108

생물 데이터

동물 이름 염소	**두동장** 1~1.5m		
몸무게 수컷 60~80kg, 암컷 90~110kg		**수명** ??년	**식성** 초식
서식지 세계 각지	**먹는 지역** 한국, 일본 오키나와 등		

양과 비교되는 일도 많지만, 염소는 턱수염이 있는 게 특징이에요. 염소의 또 다른 특징으로는 턱과 귀 주변에 살덩어리가 매달려 있어 이것이 '늘어진 고기', '고기 수염' 등으로 불린다는 점이 있죠. '산양(山羊)'이라는 별명처럼 높은 지역을 선호하는 종이 많아요. 사람도 오르기 힘든 바위 지대를 멀쩡한 얼굴로 올라가기도 해요. 또 염소는 일본 자넨 등 다양한 종이 존재해요.

오키나와에는 염소 회를 파는 가게도 있어요

염소 국은 오키나와의 특산 요리예요. 염소 고기와 뼈를 보글보글 끓여 만든 요리로 기념하고 싶은 날에 먹어요. 고단백질에 저칼로리, 높은 영양가가 있는 건강 음식이에요. 하지만 비린내가 심해 호불호가 갈린다고 해요. 양고기를 좋아하는 사람이라면 염소 고기에도 푹 빠질 가능성이 커요. 염소젖도 독특한 냄새가 나요.

EX 요리 예시

염소 국

현지 말로 '히쟈 국'. 오키나와에서는 예로부터 염소를 먹는 문화가 뿌리내려 염소를 육회로도 먹었어요.

예로부터 사람과 친구

말

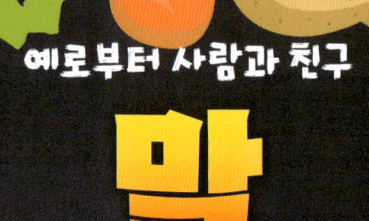

달리는 모습 멋지지?

맛있는 정도
맛있어요!

체온이 높아 균이 잘 자라지 못해요

유럽 | 아시아 | 일본 | 아메리카·오세아니아·아프리카

QUIZ 퀴즈49
일본 도로에서 마차가 달리면 무엇과 똑같은 취급을 받을까요?
①차 ②자전거 ③보행자

48의 정답 ②윗니가 없다 아랫니를 식칼, 윗잇몸을 도마처럼 사용해 풀을 씹어요.

생물 데이터

- **동물 이름**: 말(페르슈롱)
- **두동장**: 160~200cm
- **몸무게**: 1t
- **수명**: ??년
- **식성**: 초식
- **서식지**: 세계 각지
- **먹는 지역**: 일본, 몽골

야생 개체는 거의 없고 현대에 존재하는 말 대부분은 사람이 가축화한 종이에요. 약 6000년 전부터 사람과 함께 생활한 것으로 여겨지며 일본에는 5세기에 외국에서 유입되었다고 해요. 경마로 친숙한 '서러브레드', 작은 몸집의 '포니', 식용으로 쓰이는 '페르슈롱' 등 다양한 품종이 만들어져 있어요. 아주 똑똑하고 사회성이 높은 동물로 사람의 감정을 읽을 수 있다고도 해요.

식용으로 하기 위한 품종이 있어요

말 요리라고 하면 바사시(말고기 회)가 유명한데, 어째서 말고기는 생으로 먹을 수 있는 걸까요? 우선 말은 체온이 높아서 세균이 자라기 어려워요. 게다가 바사시용 말고기는 영하 20도에서 48시간 이상 냉동하는 게 의무화되어 안전성이 높아요. 일본 규슈 지방의 달콤한 간장과 먹으면 맛이 배가 된다고 해요.

EX 요리 예시

바사시

바사시는 일본에서 '벚꽃 고기'라고도 불려요. 참고로 멧돼지 고기는 '모란 고기'로 불리고 사슴 고기는 '단풍 고기'라고 불려요.

1톤 이상에 달하기도 하는
큰바다사자

유럽 | 아시아 | 일본 | 아메리카·오세아니아·아프리카

일본 홋카이도에서 먹는 바다의 갱

맛있는 정도: 그럭저럭!

의외로 악동이에요.

퀴즈 50
다음 중 바다사자의 별명은 무엇일까요?
① 구미 ② 헤엄 ③ 강치

49의 정답 ② 자전거   마차는 자전거 등과 마찬가지로 '이륜차'로 취급돼요.

생물 데이터

동물 이름 큰바다사자	**두동장** 수컷 최대 3.3m, 암컷 최대 2.9m
몸무게 수컷 450~1,120kg, 암컷 240~350kg	**수명** ??년 **식성** 물고기, 오징어
서식지 캘리포니아 중부에서 베링해, 캄차카반도, 쿠릴열도	**먹는 지역** 홋카이도

바다사자류 중에서도 가장 크고 수컷은 1톤을 넘기도 해요. 등에는 노란색, 배에는 검은색 털이 자라 있고 몸이 젖으면 회색을 띤 흰색으로 보여요. 한 마리의 인기 많은 수컷이 열 마리, 스무 마리의 암컷과 교미해 번식해요. 성질이 난폭해서 수족관에서 사육해도 좀처럼 사람 말을 듣지 않는 듯해요. 과거에는 멸종 위기종으로 지정되었지만, 현재는 조금씩 개체 수를 회복하고 있어요.

홋카이도 일부에서 먹는 큰바다사자 고기

홋카이도 연안에서는 큰바다사자에 의한 어업 피해가 큰 문제가 되어 구제 대상이 되었어요. 포획된 큰바다사자의 고기는 통조림이나 가라아게, 얼려서 얇게 썬 루이베 등으로 현지에서 먹고 있어요. 고기는 비린내가 아주 강해 호불호가 갈린다고 해요. 다만 기름기는 별로 없고 담백한 맛이라고 해요.

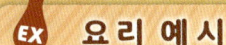

EX 요리 예시

큰바다사자 루이베

큰바다사자 고기를 얼려 얇게 썬 루이베. 녹으면 녹을수록 비린내가 강해진다고 해요. 마음에 드는 정도로 얼려 드세요.

어류가 아니라 포유류
고래

일본 급식에도 나온 고래 고기

우리들 고기는 꽤 귀하다고요.

맛있는 정도
맛있어요!

퀴즈 51
현재 지구상에 존재하는 생물 중 가장 고래와 비슷하다고 일컬어지는 동물은 무엇일까요? ①상어 ②하마 ③코뿔소

50의 정답 ③강치 바다사자의 일상적인 말이 '강치'라고 해요.

생물 데이터

동물 이름	밍크고래	**몸길이**	6~8m
몸무게	5~6t	**수명**	??년
식성	크릴		
서식지	북반구 열대에서 북극해	**먹는 지역**	일본, 노르웨이, 그린란드

고래는 크게 '수염고래'와 '이빨고래'의 두 종으로 나뉘어, 수염고래는 이빨이 없는 대신 입안에 수많은 털(고래수염)이 나 있어요. 이 수염을 활용해 해수나 진흙 속에서 플랑크톤 등을 걸러 먹고 있죠. 밍크고래도 그런 수염고래의 일종으로 수염고래 중에서는 가장 생존 개체 수가 많다고 해요. 수염고래치고는 크기가 작고 가슴지느러미에 하얀 선이 들어간 게 특징이에요.

꼬리 살코기가 고급 식재료예요

일본에서 먹는 고래는 밍크고래나 정어리고래가 대부분이에요. 고래 고기는 예로부터 일본에서 친숙해서 가난했던 시절에는 귀중한 단백질원으로 급식에도 나왔어요. 가라아게보다 맛있다는 사람도 있을 정도예요. 하지만 연간 20만 톤이 넘는 고래 소비량도 현재는 3,000톤 정도로 떨어졌다고 해요.

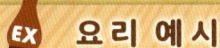 **EX 요리 예시**

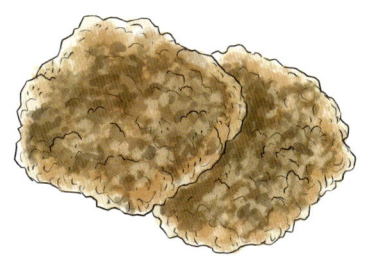

고래 타츠타아게

1970년대에 급식 메뉴로도 나온 고래 타츠타아게(일본식 튀김). 지금은 먹을 기회가 한정되어 있어요.

수족관의 인기쟁이
돌고래

큰 건 고래, 작은 건 돌고래

맛있는 정도
맛있어요!

이렇게 귀여운데 먹는다니!

큰 건 고래, 작은 건 돌고래. 그렇다면 그 차이는 어느 정도 길이일까요?
① 1m ② 4m ③ 10m

51의 정답   ② 하마   하마와 고래는 같은 조상을 가졌다고 해요.

생물 데이터

동물 이름	참돌고래	**몸길이**	1.7~2.4m
몸무게	75kg	**수명**	30년	**식성**	물고기, 오징어
서식지	태평양과 대서양의 온대 지역	**먹는 지역**	일본

돌고래는 115쪽에 등장한 '이빨고래'에 속하는 종이에요. '돌고래인데 고래에 포함돼?' 하고 생각할지도 모르지만, 고래와 돌고래는 명확한 구분이 없고 큰 게 고래, 작은 게 돌고래로 불려요. 그중의 일종인 참돌고래는 때로는 만 마리 이상의 매우 거대한 무리를 지으며 생활해요. 호기심이 뛰어나 배를 발견하면 점프하거나 승부를 걸어 오기도 해요.

고래와 마찬가지로 소비량이 줄고 있어요

일본에서는 돌고래 고기가 고래 고기 대용품으로 쓰이는 일이 많았다고 해요. 지금도 시즈오카현이나 와카야마현, 이와테현 등에서 돌고래를 먹는 문화가 남아 있고, 이런 지역에서는 슈퍼나 생선 가게에서 돌고래 고기를 팔고 있어요. 고기는 씹는 맛이 있고 조금 비린내가 있어요. 타츠타아게나 된장으로 익히거나 해요. 고기 맛은 고래와 크게 다르지 않아요.

EX 요리 예시

돌고래 일본 전골

와카야마현 다이지의 향토 요리. 다이지는 고래 요리가 번성해 '고래 마을'로도 알려져 있어요.

구멍 파기가 특기예요

오소리

유럽 · 아시아 · 일본 · 아메리카 · 오세아니아 · 아프리카

두꺼운 기름으로 보호받아요

구멍 파기 선수예요.

맛있는 정도

맛있어요!

QUIZ 퀴즈 53
오소리를 잡기 위해 길렀다고 여겨지는 개는 무엇일까요?
① 치와와 ② 닥스훈트 ③ 푸들

52의 정답 ② 4m 정식 분류는 아니지만 4m를 넘으면 고래라고 부르는 경우가 많아요.

생물 데이터

- **동물 이름**: 일본오소리
- **두동장**: 58~68cm
- **몸무게**: 4.5~9kg
- **수명**: 10년
- **식성**: 잡식(지렁이, 장수풍뎅이, 열매)
- **서식지**: 혼슈, 시코쿠, 규슈
- **먹는 지역**: 일본

족제비의 친척인 종이에요. 구멍 파기가 특기이며 손에는 흙을 파내기에 적합한 커다랗고 긴 발톱이 나 있어요. '세트'라고 불리는 굴은 아주 복잡하고, 가족에 의해 몇 세대에 걸쳐서 파여요. 천적에게 공격받을 때를 대비해 굴의 출입구는 여러 개 만들어져요. 돼지의 위장을 주로 '오소리감투'라고 하지만, 본래는 오소리 털가죽으로 만든 벙거지를 의미한다고 해요.

일본 전골 등으로 하면 진미예요

오소리의 몸은 기름기가 많아요. 이 기름에는 희미하게 단맛이 있고 소나 돼지와는 다른 맛을 즐길 수 있다고 해요. 조금밖에 없는 살코기는 살짝 딱딱하지만 오래 푹 끓이면 맛있게 먹을 수 있다고 해요. 스튜나 일본 전골로 만들면 기름의 단맛이 우러나 추천해요. 비린내도 적고 식재료로서의 잠재력이 높아요.

EX 요리 예시

오소리 스튜

지비에로 주목받는 오소리. 사슴이나 멧돼지보다 맛있다는 의견이 많아요.

벼를 먹고 자라는
메뚜기

우리는 점프가 특기야!

맛있는 정도
맛있어요!

QUIZ 퀴즈54

일본의 곤충 음식이라면 이것

다음 중 메뚜기의 특징이 아닌 것은 무엇일까요?
①해충으로 꼽힌다 ②보호색은 없다 ③무리를 짓는다

❸의 정답 ②닥스훈트 독일어로 '닥스'는 오소리, '훈트'는 개를 의미해요.

생물 데이터

동물 이름	작은날개메뚜기(일본명)	**몸길이**	16~33mm
몸무게	2g	**수명**	??년
식성	벼과 식물		
서식지	홋카이도~규슈	**먹는 지역**	일본

학명은 'Oxya yezoensis'. 무논이나 풀밭 등에 서식하면서 벼과 식물의 잎을 골라 먹어요. 날개가 짧고 뒷다리에 닿지 않아 '작은날개메뚜기'라는 이름으로 불리지만, 개중에는 긴 날개를 지닌 개체도 있어요. 깡충깡충 잘 뛰어오르고 헤엄도 특기예요. 긴 날개를 지닌 개체는 날 수도 있어요. 9월경 산란한 알은 그대로 겨울을 넘겨 6월경 부화해요. 5~6번 정도 탈피해 8월경 성충이 돼요.

맛이나 식감은 소형 새우와 비슷해요

곤충식은 최근에야 전 세계적으로 주목받고 있지만, 일본인은 예로부터 곤충을 먹어 왔어요. 그중에서도 메뚜기를 먹은 역사가 오래되어 헤이안 시대(794~1185) 때 이미 먹었다는 기록이 남아 있어요. 지금도 메뚜기 츠쿠다니(일본식 조림)가 나가노현과 야마가타현, 기후현 등을 중심으로 널리 알려져 있어요. 먹으면 식감도 좋고 매콤달콤한 맛이 밥과 잘 어울려요.

EX 요리 예시

메뚜기 츠쿠다니

겉보기에 거부감을 느끼는 사람도 많지만 먹어 보면 산뜻하고 달콤한 맛이 나요. 와삭와삭한 식감도 최고예요.

둥지에 가까이 가면 위험해요

벌 유충

맛있는 정도

맛있어요!

섣불리 다가오지 말라고!

벌 유충은 삼대 진미 중 하나

유럽 · 아시아 · 일본 · 아메리카 · 오세아니아 · 아프리카

QUIZ 퀴즈 55
다음 중 말벌에 가장 쏘이기 쉬운 복장은 무엇일까요?
① 붉은 옷 ② 검은 옷 ③ 노란 옷

54의 정답 ② 보호색은 없다 메뚜기는 대부분 보호색을 가졌다고 해요.

생물 데이터

동물 이름	땅벌	몸길이	11~18mm
몸무게	??g	수명	일벌 2~3개월, 여왕벌 1~2년
식성	잡식		
서식지	한국, 홋카이도~규슈, 아마미오섬	먹는 지역	일본

전신이 검고 배 부분에는 하얀 줄무늬 모양이 있어요. 여왕벌일지라도 15~18mm로 말벌류 중에서는 작고 독도 강하지 않아요. 둥지는 땅속에 만들고 여왕벌을 중심으로 무리를 지어 생활해요. 성격은 얌전하지만, 둥지를 망치는 적이라고 판단하면 무리로 공격해요. 꽃의 꿀부터 곤충, 동물 사체까지 광범위한 먹이를 섭취해요. 6월경이 되면 유충이 우화해 9월경 가장 번성해요.

성충보다 유충이 식용으로 적합해요

곤충 식문화가 자리 잡은 지역에서는 메뚜기, 자자무시(수생 곤충의 유충), 그리고 벌 유충이 '삼대 진미'로 불려요. 벌 유충은 땅벌이나 다른 말벌, 꿀벌, 쌍살벌 등의 유충을 말하며 달콤한 조림이나 영양밥 등으로 먹는 경우가 많아요. 부드럽고 독특한 쓴맛이 있으며 술안주로도 잘 어울린다고 해요.

EX 요리 예시

달콤한 벌 유충 조림

땅벌 유충이 많지만, 꿀벌이나 쌍살벌 유충을 먹기도 해요.

독이 있어요
복어

맛있는 정도
맛있어요!

이 얼굴이지만 고급 식재료야!

쏘이면 죽어서 일본에서 부르는 별명 '총포'

QUIZ 퀴즈 56

복어가 가진 독의 특징은 무엇일까요?
①해독제가 없다 ②치사율이 낮은 편이다 ③살에는 독이 없다

55의 정답 ②검은 옷 말벌은 검은 물체를 공격하는 습성이 있어요.

생물 데이터

동물 이름	자주복	**몸길이**	70cm
몸무게	1~3kg	**수명**	10년
식성	물고기, 새우, 게, 조개		
서식지	태평양 북서부, 동해 서부, 황해, 동중국해 등		
먹는 지역	한국, 일본		

복어라고 하면 독을 지닌 생선으로 유명해요. 실제로 많은 종이 독을 지녔고 먹은 사람이 식중독에 걸려 사망에 이른 사례도 잔뜩 있어요. 최근 연구에서는 갓 태어난 복어는 독이 없다는 설이 유력해요. 독을 지닌 불가사리나 조개를 먹는 사이, 체내에 그 독이 쌓인다고 생각되는 것이지요. 실제로 독이 없는 먹이만 주며 양식으로 키운 복어는 독이 없는 상태로 성장한다고 해요.

식용 복어를 금지하고 있는 나라도 많아요

쏘이면 죽는다고 해서 일본에서는 '총포'라고도 불리는 복어. 식용 복어 중 다수가 독을 지녔고 종에 따라 독이 있는 부분이 달라 까다로워요. 조리할 때는 특수한 면허가 필요하죠. 그런데도 과거 일본인은 이런 위험한 식재료를 잘도 먹었던 셈이에요. 해외 사람들이 보면 놀랄 정도예요.

EX 요리 예시

복어 회

초고급 요리로 알려진 복어. 독이 있는 걸 알아도 먹고 싶어질 정도로 맛있어요.

육상 생활은 조금 서툴러요
바다표범

추운 지역의 단백질원

꽤 귀엽지?

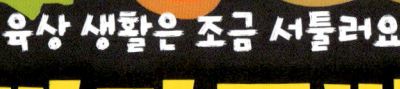

유럽 · 아시아 · 일본 · 아메리카 · 오세아니아 · 아프리카

맛있는 정도
그럭저럭!

QUIZ 퀴즈 57
다음 중 바다사자는 가능하고 바다표범은 불가능한 것은 무엇일까요?
① 걷기 ② 깊게 잠수하기 ③ 빠르게 헤엄치기

56의 정답 ① 해독제가 없다 복어의 독 테트로도톡신은 맹독이며 해독제가 없다고 해요.

생물 데이터

- **동물 이름** 점박이물범
- **두동장** 1.6~1.7m
- **몸무게** 80~120kg
- **수명** ??년
- **식성** 물고기, 갑각류, 문어
- **서식지** 오호츠크해, 황해, 동해, 베링해
- **먹는 지역** 일본, 그린란드, 캐나다

바다표범은 물범이라고도 해요. 이름에 '점박이'가 들어간 대로 점박이물범의 몸에는 타원형의 반점이 잔뜩 나 있어요. 바다표범은 얼음 위에서 번식하는 종과 바위 위에서 번식하는 종이 있고, 얼음 위에서 태어나는 새끼들은 하얀색, 바위 위에서 태어나는 새끼는 검은색을 띠어요(점박이물범은 얼음 위에서 번식하기 때문에 새끼는 하얀색이에요). 이는 적에게 들키지 않기 위한 궁리예요.

비린내와 냄새가 강한 바다표범 고기

일본에서는 홋카이도, 세계 중에서는 그린란드와 캐나다 등 추운 지역에서 먹는 경우가 많아요. 고기는 탄력 있고 특유의 냄새가 강해요. 이누이트 사이에서는 내장과 고기를 제거한 바다표범 안에 바닷새를 집어넣고 장기간 땅속에 묻는 '키비악'이라는 발효 요리가 전해지고 있어요. 이는 낫토의 3배나 독한 냄새를 풍긴다고 해요.

EX 요리 예시

바다표범 통조림

바다표범을 먹는 홋카이도에서는 비린내가 느껴지지 않도록 통조림이나 카레 등 진한 맛을 내서 조리하는 경우가 많아요.

그들이 있으면 사람이 있어요

참새

유럽 / 아시아 / **일본** / 아메리카·오세아니아·아프리카

사람 근처에 살고 있으니까요.

일반인은 잡으면 안 돼요

맛있는 정도
맛있어요!

지상에서는 통통 튀듯 움직이는 참새. 그들의 걸음걸이를 뭐라고 부를까요?
①호핑(hopping) ②점핑(jumping) ③스테핑(stepping)

57의 정답 ①걷기 바다표범은 걷지 못해요. 지상에서는 나방 유충처럼 몸을 꿈질꿈질 움직여 이동해요.

128

생물 데이터

동물 이름 참새	**몸길이** 14.5cm		
몸무게 24g	**수명** ??년	**식성** 지렁이, 식물 씨앗	
서식지 북반구 온대 지방	**먹는 지역** 일본		

땅딸막한 몸에 뺨 언저리에 검은 점이 매력 포인트예요. 이 검은 점은 성체가 될수록 진해져요. 우리에게 매우 친숙한 존재로 사람이 사는 주택가 근처에서 생활해요. 둥지를 짓는 장소도 지붕과 벽 틈새, 베란다 등 사람이 지은 것을 활용하는 경우가 많아요. 반대로 말하면 사람이 없는 장소에는 거의 서식하지 않기 때문에 산이나 숲에서 참새를 발견하면 근처에 사람이 살고 있을 가능성이 커요.

새 구이 = 참새고기를 뜻하는 시대도 있었어요

참새는 친숙한 새지만 일본에는 '조류 보호'라는 법이 있어 포획하는 건 기본적으로 금지돼 있어요. 먹기 위해서는 면허를 가진 사냥꾼이 잡거나 중국 등에서 수입된 것을 먹어야 하지만, 유통량이 아주 낮아요. 교토의 후시미이나리에서는 참새구이가 명물이에요. 12월경에 제일 기름이 올라 있다고 해요.

EX 요리 예시

참새구이

뼈가 부드러워 통째로 먹을 수 있어요. 그중에서도 뇌 부분이 식용 간 같은 맛으로 맛있다고 해요.

유충은 '나무굼벵이'
하늘소

맛은 곤충계 No.1?

이 턱이 자랑이지.

맛있는 정도

맛있어요!

아시아 · 일본 · 아메리카 · 오세아니아 · 아프리카

QUIZ 퀴즈 59

다음 중 동아시아 최대 크기의 하늘소는 무엇일까요?
① 톱하늘소 ② 팔점긴하늘소 ③ 장수하늘소

58의 정답 ① 호핑(hopping) 비둘기처럼 종종걸음으로 걷는 건 '워킹(walking)'이라고 불러요.

생물 데이터

동물 이름 참나무하늘소	**몸길이** 44~55mm	**몸무게** 50g
수명 부화해 번데기까지 1개월, 우화 후 2개월		**식성** 유충: 목재, 성충: 나무껍질, 새싹
서식지 한국, 일본 혼슈~아마미 군도	**먹는 지역** 일본	

하늘소류는 무는 힘이 아주 세다는 것이 특징이에요. 종이 아주 많고 일본에만 해도 700종 이상이 알려져 있어요. 참나무하늘소는 그중에서도 특히 크기가 크고 턱이 발달해 있어요. 위에서는 알기 어렵지만, 옆에서 보면 굵은 흰 선이 나 있는 게 특징이에요. 성충은 나무껍질을, 유충은 나무 안에 서식하면서 안에서 수목을 파먹어요.

성충도 못 먹는 건 아니에요

곤충식의 주목적은 영양분을 얻기 위함으로, 맛은 둘째로 치는 경우가 많아요. 하지만 하늘소의 유충인 나무굼벵이는 맛있다는 평이고 입안에서 농후한 맛이 퍼진다고 해요. 그 맛이 참치 뱃살에 버금간다고 하는 목소리도 있어요. 뉴칼레도니아 파리노에서는 매년 9월에 나무굼벵이를 먹는 축제가 열리고 있어요.

EX 요리 예시

나무굼벵이 꼬치구이

맛은 농후하고 부드러워요. 꼬치에 꽂아 버터와 간장으로 살짝 지지는 것만으로도 맛있게 먹을 수 있어요.

예로부터 모습이 변하지 않은 살아 있는 화석

칠성장어

유럽 · 아시아 · 일본 · 아메리카 · 오세아니아 · 아프리카

장어를 닮지 않았어요

실은 장어가 아니라고~.

맛있는 정도
맛있어요!

QUIZ 퀴즈 60

다음 중 칠성장어처럼 장어류가 아닌 것은 무엇일까요?
①무태장어 ②아메리카장어 ③전기뱀장어

59의 정답 ③장수하늘소   수컷 66~100mm, 암컷 60~90mm 정도의 크기를 뽐낸다고 해요.

생물 데이터

- **동물 이름** 칠성장어
- **몸길이** 수컷 약 41cm, 암컷 약 40cm
- **몸무게** 수컷 약 136g, 암컷 약 114g
- **수명** 4년
- **식성** 물고기의 체액
- **서식지** 전 세계에 분포
- **먹는 지역** 일본

가늘고 긴 몸에 '칠성장어'라는 이름. 어떻게 봐도 장어류인 것처럼 보이지만 장어와는 전혀 다른 종으로, 애당초 어류가 아니라는 의견도 있어요. '무각류(無角類)'라는 아주 원시적인 동물로 턱이 없고 흡반 같은 입을 지녔어요. 무각류는 지금으로부터 약 4억 년 이상 전부터 번영했지만, 현재는 칠성장어류와 먹장어류 정도가 생존했고 나머지는 멸종했어요. 실로 살아 있는 화석인 셈이죠.

비타민 A가 풍부하게 함유돼 있어요

일본에서 먹는 칠성장어는 대부분 칠성장어(Lethenteron japonicum)예요. 장어(뱀장어)와 마찬가지로 꼬치구이로 먹는 경우가 많지만, 장어와는 식감과 풍미가 전혀 달라요. 칠성장어가 더 탄력 있고 독특한 향이 있어요. 산지인 도호쿠 지역에서는 슈퍼에서도 팔고 있고 전골이나 국건더기로도 쓰여요.

EX 요리 예시

칠성장어 꼬치구이

얼핏 봤을 때는 장어 꼬치구이와 비슷해요. 실제로는 식감과 풍미가 다르고 이건 이것대로 아주 맛있어요.

돼지의 선조
멧돼지

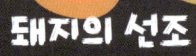

짐승의 호흡이란 거 알아?

맛있어요!

맛있는 정도

멧돼지 고기는 별명 '모란'

퀴즈 61
다음 중 멧돼지의 특징이 아닌 것은 무엇일까요?
①시력이 좋다 ②청각이 뛰어나다 ③후각이 뛰어나다

60의 정답 ③전기뱀장어 전기뱀장어도 이름과 겉모습이 장어 같지만 장어에 속하지 않아요.

생물 데이터

동물 이름 멧돼지		**두동장** 90~180cm	
몸무게 50~200kg	**수명** ??년		**식성** 잡식
서식지 아프리카 북부, 유럽, 아시아 삼림		**먹는 지역** 한국, 일본	

일본에는 곧장 직진하는 모습을 멧돼지에 비유한 '저돌맹진(猪突猛進)'이라는 사자성어가 있어요. 하지만 실제로 멧돼지는 겁쟁이에 보통 뛰지 않아요. 사람에게 돌진하는 일도 있지만 이는 두렵기 때문이에요. 수컷은 홀로 행동하고 암컷은 새끼들과 무리를 지어요. 새끼 멧돼지는 몸에 줄무늬가 있어요. 수컷은 엄니가 발달하지만 암컷과 새끼 멧돼지는 엄니가 작아 겉으로는 보이지 않아요.

기름기가 가장 많이 오르는 건 겨울 시기

'모란 고기'라고도 불리며 육질이 근연 관계인 돼지와 유사해요. 돼지고기보다 씹는 맛이 있고 기름이 느끼하지 않다는 독특한 특징이 있지만, 돼지와 마찬가지로 먹이를 주고 사육하면 육질이 돼지고기와 비슷해진다고 해요. 수컷보다 암컷 고기가 맛있어요. 일본 이외에도 프랑스나 이탈리아 등 많은 국가에서 식용으로 쓰이고 있어요.

EX 요리 예시

멧돼지 고기전골

멧돼지 고기를 모란꽃처럼 장식한 '모란 전골(보탄 나베)'.

똥으로 동료와 의사소통
너구리

유럽 · 아시아 · 일본 · 아메리카 · 오세아니아 · 아프리카

식용으로의 평판은 살짝 부족?

복슬복슬해서 귀엽죠~!

맛있는 정도
이건 좀…!

QUIZ 퀴즈 62
다음 중 너구리의 특징으로 올바른 것은 무엇일까요?
① 적게 먹는다 ② 겨울잠을 잔다 ③ 달리기가 빠르다

61의 정답 ① 시력이 좋다 멧돼지는 청각, 후각은 훌륭하지만 시력은 나쁘다고 해요.

생물 데이터

- **동물 이름**: 너구리
- **두동장**: 50~60cm
- **몸무게**: 4~10kg
- **수명**: ??년
- **식성**: 잡식
- **서식지**: 동아시아
- **먹는 지역**: 일본, 중국

이미지대로 둥글고 복슬복슬한 모습은 겨울털에 의한 것으로, 여름에는 의외로 단정한 모습이에요. 오소리(118쪽)의 둥지를 멋대로 잠자리로 삼는 등 사는 곳이나 영역에 대한 집착은 없지만 용변은 정해진 장소에만 봐요. 행동 구역이 겹치는 너구리끼리 같은 장소에 변을 봄으로써 서로 의사소통을 하죠. 특별히 뛰어난 건 없는 대신 나무 오르기와 구멍 파기, 수영은 어느 정도 할 수 있어요.

너구리 고기는 식용에 잘 맞지 않아요

'너구리 국'은 너구리 고기를 우엉이나 무와 함께 우려낸 일본 전통 요리예요. 하지만 너구리 고기는 아주 역하고 딱딱해 식용으로는 별로 적합하지 않아요. 실제로는 오소리 고기가 식용에 더 좋아서 많이 쓰였던 모양이에요. 절에서는 고기 대신 곤약을 사용했다고 해요.

EX 요리 예시

너구리 국

옛날에는 너구리와 오소리의 구별이 없었어요. 맛있는 너구리 국은 오소리 고기, 맛없는 너구리 국은 너구리 고기였다고 해요.

다음 집은 어디로 할까?
소라게

실은 왕게와 친구 사이에요

왕게는 친척이에요.

맛있는 정도
맛있어요!

QUIZ 퀴즈 63
왕게는 소라게의 친척이에요. 그럼 다음 중 정말로 게에 속하는 건 무엇일까요?
① 투구게 ② 하나사키 킹크랩 ③ 대게

62의 정답 ②겨울잠을 잔다 너구리는 보통 11월 중순~3월 초순까지 동면한다고 해요.

생물 데이터

- **동물 이름** 참집게
- **갑장** 10mm
- **몸무게** ??g
- **수명** ??년
- **식성** 잡식
- **서식지** 한국, 일본, 대만
- **먹는 지역** 일본

소라게의 껍질은 몸의 일부가 아니라 주인이 죽어 빈껍데기가 된 고둥을 활용한 거예요. 그래서 성장하여 크기가 맞지 않게 되면 이사하고, 경우에 따라서는 버려진 페트병 뚜껑을 짊어지기도 해요. 알에서 갓 부화한 새끼 소라게는 부모와는 달리 물벼룩과 비슷하게 생겼으며 탈피를 반복해 성체로 성장해요. 잡식성이고 해조나 작은 물고기뿐만 아니라 떨어진 열매 등도 먹어요.

대형 소라게는 손바닥 크기예요

고급 식재료인 왕게(킹크랩)는 게가 아니라 소라게의 친척이에요. 소라게의 몸도 왕게 같은 식감과 단맛이 있어 아주 맛있어요. 가나가와현 조가섬에서는 대형 소라게를 '단게'라고 부르며, 회나 된장국 등의 요리로 먹어요. 소라게를 먹은 후에 물을 마시면 달게 느껴진다고 해요.

EX 요리 예시

소라게 된장국

회나 된장국으로 먹어요. 먹을 수 있는 부분이 적지만 국 건더기로 사용하면 풍미 깊은 국물을 즐길 수 있어요.

껍데기가 없는 조개

군소

맛있는 정도

그럭저럭!

색이 예쁜 친구도 있어요.

끈처럼 길쭉한 알이 면발 같아요

QUIZ 퀴즈 64

군소 한 마리가 한 달 동안 낳는 알의 수는?
① 약 1천 개 ② 약 1만 개 ③ 약 1억 개

63의 정답 ③ 대게   투구게는 이름에 게가 붙지만, 게 종류는 아니에요. 하나사키 킹크랩은 소라게의 친척이에요.

생물 데이터

- **동물 이름**: 군소
- **몸길이**: 15~40cm
- **몸무게**: 최대 1.4kg
- **수명**: ??년
- **식성**: 해조류
- **서식지**: 한국, 일본, 중국
- **먹는 지역**: 한국, 일본

바다의 얕은 여울에 서식하는 연체동물이에요. 조개의 친척이지만 껍데기는 퇴화했어요. 자극을 주면 몸에서 비구름 같은 보라색 액체를 내뿜어요. 비슷한 생물로 갯민숭달팽이가 있지만, 갯민숭달팽이가 육식인 것에 비해 군소는 초식이에요. 얕은 여울을 돌아다니며 해조류를 먹어요. 암수가 한 몸인 '자웅 동체'로 군소 여럿이 열차처럼 이어져 교미해요.

희미한 해조류의 풍미가 남아 있어요

맛은 거의 느껴지지 않지만, 식감이 독특해 술안주로 인기가 많아요. 지역에 따라서는 매콤달콤한 맛을 첨가하기도 해요. 군소의 알은 수많은 알이 뭉쳐 면발 같은 모양이 되기 때문에 '바다 소면'이라고도 불려요. 이 바다 소면을 먹는 지역도 있지만, 경우에 따라서는 독이 있으니 주의해야 해요.

EX 요리 예시

군소 조림

시마네현 오키노섬 등의 제한된 지역에서 식용으로 쓰이고 있어요. 오키노섬에서는 군소를 '베코'라고 불러요.

제4장

아메리카·
오세아니아·
아프리카에서
먹는 생물

이 지역은 야생 요리가 인기인 듯해요. 동물의 고기를 굽거나 프라이로 만들거나, 고기 자체의 맛을 즐기는 요리가 많아요. 맛있게 먹어 준다면 동물도 좋아하지 않을까요!?

▲ 생 타란툴라 튀김(169쪽)

비둘기

평화의 상징

사람을 잘 따르는 친근한 새

유럽 · 아시아 · 일본 · 아메리카 · 오세아니아 · 아프리카

맛있는 정도: 맛있어요!

우리는 전 세계에 있다고.

QUIZ 퀴즈 65
비둘기를 한자로 쓰면 '鳩'. 이 글자에 '九(구)'가 들어가는 이유는 무엇일까요?
① 구구 울어서 ② 아홉 개의 알을 낳아서 ③ 9월에 성체가 돼서

64의 정답 ③약 1억 개 군소는 한 달에 약 1억 개에 이르는 알을 낳지만, 대부분 다른 생물에게 먹혀 사라진다고 해요.

생물 데이터

동물 이름	바위비둘기	**몸길이**	30~35cm
몸무게	300g	**수명**	??년
식성	초식에 가까운 잡식		
서식지	전 세계 바위 지대나 도시	**먹는 지역**	이집트, 프랑스

바위비둘기는 전 세계에 서식하며 우리에게도 친숙한 새예요. 멀리 떨어진 장소에서도 자신의 둥지 위치를 감지할 수 있어, 기원전부터 비둘기에 편지를 매달아 날려 보내는 전서구로 쓰였어요. 사람을 잘 따르고 먹이를 잘 주는 사람은 1km 밖에서도 구분할 수 있어요. 날개 색은 회색빛이 감도는 푸른색인 개체가 많지만, 개중에는 갈색이나 흰색인 것도 있어요. 기본적으로 초식이며 종자나 열매 등을 좋아해요. 큰 무리를 지으며 생활해요.

프랑스나 영국에서도 먹어요

비둘기를 먹는 국가로는 이집트가 유명해요. 하맘 마슈위(Hamam Mahshi)는 이집트의 대표적인 비둘기 요리예요. 비둘기의 뱃속에는 쌀이 채워져 있고, 그 쌀에 비둘기 맛국물이 잔뜩 스며들어서 맛있어요. 조금 비싸긴 해도 꼭 먹어 보세요. 이집트에는 지금도 식용 비둘기를 기르는 '비둘기 타워'가 많이 있어요.

EX 요리 예시

하맘 마슈위

일본에서도 유통되는 비둘기 고기예요. 야생 개체는 '조류 보호'에 따라 허가 없이 포획하는 건 금지되어 있어요.

줄무늬는 왜 있을까?
얼룩말

맛있는 정도: 그럭저럭!

밀라노 만국 박람회에 '얼룩말 버거'가 등장

유럽 / 아시아 / 일본 / 아메리카·오세아니아·아프리카

이 줄무늬 멋있지?

QUIZ 퀴즈 66
얼룩말의 털을 밀면 어떤 피부가 나올까요?
① 줄무늬 ② 흰색 ③ 회색

65의 정답 ① 구구 울어서 울음소리 때문에 '九(구)'가 붙었다는 설이 있어요.

146

생물 데이터

동물 이름	사바나얼룩말	**두동장**	2.1~2.5m
몸무게	175~385kg	**수명**	??년
		식성	초식
서식지	아프리카 동부에서 남부	**먹는 지역**	케냐, 남아프리카

얼룩말에 줄무늬가 있는 이유는 확실하지 않지만 육식 동물이 발견하기 어렵게 하거나, 체온을 조절하거나, 벌레를 쫓기 위한 것으로 알려져 있어요. 이 줄무늬는 개체별로 조금씩 차이가 있고 같은 모양은 존재하지 않아요. 큰 무리를 지어 생활하며 누, 타조 등의 안전한 동물과 함께 지내기도 해요. 몸 구조는 말보다는 당나귀에 가깝고 성질도 말보다 거칠어요. 말과는 달리 가축화에 성공한 사례가 없어요.

맛 자체는 비린내가 없고 맛있다고 해요

2015년에 개최된 밀라노 만국 박람회에 얼룩말 고기를 사용한 얼룩말 버거가 등장해 큰 화제가 되었어요. 얼룩말 고기는 힘줄이 많고 다소 딱딱하지만, 특징적인 냄새는 없어 다양한 소스와 어울린다고 해요. 풍미는 말고기와 비슷한 듯해요. 현재 전 세계를 둘러봐도 식용으로 삼고 있는 지역은 적지만, 새 식문화가 될 수도 있지 않을까요?

EX 요리 예시

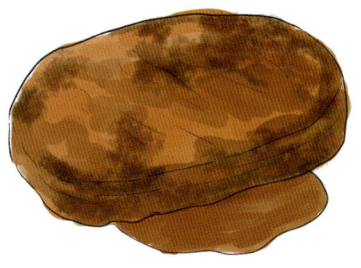

얼룩말 스테이크

아프리카에서도 대중적인 식재료는 아니지만, 현지에는 얼룩말 고기를 파는 식당이 몇 군데 있다고 해요.

뒤로 넘어간 귀를 주의하세요
라마

안데스 지방에 없어서는 안 되는 동물

인간에게 길러지고 있어요.

유럽 / 아시아 / 일본 / 아메리카·오세아니아·아프리카

맛있는 정도 — 맛있어요!

퀴즈 67

볼리비아에서 집을 지을 때 가정의 안전을 기원해 땅에 묻는 건 무엇일까요?
① 라마의 뼈 ② 라마의 미라 ③ 살아 있는 라마

66의 정답 ③회색 참고로 흑마와 백마는 털 밑 피부도 검은색, 흰색이에요.

생물 데이터

동물 이름	라마	두동장	1.2~2.3m
몸무게	130~155kg	수명	??년
서식지	남아메리카	먹는 지역	볼리비아
		식성	초식

낙타에 속하지만, 등에 혹이 없고 오히려 등이 움푹 팬 것처럼 보이기도 해요. 바짝 솟은 귀가 트레이드 마크이며 이 귀는 소리가 난 방향으로 자유자재로 움직일 수 있어요. 귀가 뒤로 넘어갈 때는 화났다는 신호예요. 사람과 친숙하고 화물을 옮기거나 털을 얻기 위해 안데스 지방에서 기르고 있어요. DNA 분석으로는 라마의 조상이 과나코라고 생각돼요. 털 색은 흰색이나 갈색 등으로 다양해요. 초식성이고 물은 거의 마시지 않아요.

볼리비아의 명물인 라마 요리

라마는 대부분 화물을 운반하기 위해 기르고, 남미에서도 식용으로 쓰이는 일은 적어요. 하지만 죽은 라마 고기는 식용으로 쓰이고 라마 음식의 본고장인 남미 볼리비아에서는 라마 요리를 선보이는 식당이나 포장마차가 이곳저곳에 있어요. 원래부터 육질이 딱딱하기 때문인지 보글보글 끓여서 고기를 부드럽게 한 다음 먹는 경우가 많아요.

EX 요리 예시

푹 끓인 라마 토마토 국

라마는 알파카의 친척이기도 하지만 육질은 알파카보다 딱딱해요. 라마의 똥은 연료로 쓰여요.

세계에서 가장 큰 쥐
카피바라

유럽 · 아시아 · 일본 · 아메리카 · 오세아니아 · 아프리카

추운 날에는 온천에 들어가고 싶어.

맛있는 정도

맛있어요!

돼지고기와 비슷하다고 하는 남미 식재료

QUIZ 퀴즈 68
느긋한 이미지가 있는 카피바라. 전력을 다해 달렸을 때 속도는 어느 정도일까요? ①시속 1km ②시속 10km ③시속 50km

67의 정답 ②라마의 미라 새끼 라마의 미라를 지면에 묻는 풍습이 있어요.

생물 데이터

동물 이름	카피바라	두동장	106~134cm
몸무게	35~66kg	수명	??년
		식성	벼과 풀
서식지	남미	먹는 지역	콜롬비아, 베네수엘라

세계에서 가장 큰 쥐목 동물이에요. 쥐답게 커다란 이빨이 있고, 이 이빨이 쭉쭉 자라서 나무나 바위를 갉아 깎아요. 물을 굉장히 좋아하며 더워지면 헤엄치거나 물속에서 교미하기도 해요. 수컷의 콧등에는 혹 모양의 취선이 있어 얼굴을 보면 성별을 구분할 수 있어요. 체모는 딱딱하고 젖어도 금방 말라요. 더운 지역에 서식하는 동물이라 추위에 약해요.

예전에는 일본에도 식용으로 유입되었어요

일본에서는 마스코트 같은 존재인 카피바라지만, 남미 콜롬비아인들에게는 식재료예요. 현지에서는 '치구이로(chiguiro)'라고 불리며 콜롬비아에는 치구이로 요리를 파는 레스토랑이 줄지어 있는 구역이 있어요. 마찬가지로 남미 베네수엘라도 카피바라를 식용으로 삼기 위해 가축화했어요. 비린내가 적고 식감이 돼지고기와 비슷해요.

EX 요리 예시

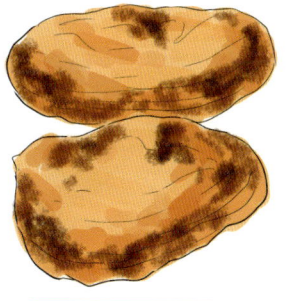

카피바라 BBQ

비린내와 특징적인 냄새가 적고 맛은 돼지고기에 가깝다고 하는 카피바라 고기. 관광객도 맛있다고 칭찬할 정도예요.

작은 공룡 같아요

이구아나

고기뿐만 아니라 가죽도 진미

알도 잔뜩 낳는다고~.

유럽 / 아시아 / 일본 / 아메리카·오세아니아·아프리카

맛있는 정도
맛있어요!

퀴즈 69
이구아나가 구애하거나 위협할 때 하는 행동은 무엇일까요?
① 꼬리를 흔든다   ② 머리를 흔든다   ③ 손을 흔든다

68의 정답   ③ 시속 50km   사람보다 훨씬 빠른 속도로 달릴 수 있어요.

생물 데이터

동물 이름	녹색이구아나	몸길이	150~200cm
몸무게	2~3.5kg	수명	??년
		식성	거의 초식
서식지	중앙·남아메리카 열대 숲	먹는 지역	엘살바도르

나무 오르기가 특기로 물가의 나무 위에서 생활해요. 헤엄치는 것도 능숙해 위험을 감지하면 물속에 숨어들어요. 아침이 되면 태양 빛으로 몸을 따뜻하게 하고 먹이를 찾기 시작해요. 새끼일 때는 곤충을 먹고, 성체가 되면 주로 식물을 먹어요. 몸은 비늘로 덮여 있고, 수컷은 머리에서 등에 걸쳐 갈기 모양의 비늘이 발달해 있어요. 꼬리는 몸의 절반 정도 길이로 회초리처럼 휘둘러 적을 쫓아요.

맛과 육질이 새고기와 비슷하다고 해요

엘살바도르에서는 이구아나를 '갈리나 데 팔로(gallina de palo, 나무 위의 닭)'라고 부르며 식용으로 삼고 있어요. 또 멕시코에서도 식용 이구아나를 사육하는 곳이 있고, 현지에서는 의외로 보편적인 식재료로 쓰이고 있어요. 고기는 비린내가 적고 식감은 새고기와 비슷해요. 담백하지만 기름기가 있어 아주 맛있다고 해요.

EX 요리 예시

이구아나 수프

멕시코 이구아나 요리의 본고장으로 알려져 있어요. 고기뿐만 아니라 가죽도 부드러워 맛있다고 해요.

바다거북

넓은 바다가 내 집

걷는 건 느려요.

멸종 위기가 다가와 보호 대상으로

맛있는 정도
맛있어요!

QUIZ 퀴즈 70
바다거북은 어떻게 숨을 쉴까요?
① 창자로 호흡한다　② 아가미로 호흡한다　③ 허파로 호흡한다

69의 정답　② 머리를 흔든다　이 움직임을 '보빙'이라고 불러요.

생물 데이터

동물 이름	푸른바다거북	갑장	65~110cm	몸무게	최대 320kg
수명	??년	식성	초식	서식지	대서양, 인도양, 서부 태평양의 온대·열대 지역
먹는 지역	인도네시아, 뉴칼레도니아 등				

다리가 지느러미로 변해서 헤엄이 특기이며 일생의 대부분을 바닷속에서 보내요. 산란기가 되면 암컷은 모래사장으로 올라와 알을 낳고 다시 바다로 돌아가요. 태어난 새끼는 모래사장에서 아장아장 바다를 향하고, 바다에서의 생활을 시작해요. 어미 바다거북은 산란 중에 눈 옆에 있는 '염류샘'이라는 부분에서 남는 염분을 흘려보내요. 그 모습이 마치 우는 것처럼 보여요.

스테이크나 수프로 먹어요

바다거북 요리, 특히 바다거북 수프는 과거 고급 요리로 전 세계의 미식가들을 사로잡았어요. 하지만 바다거북은 현재 멸종 위기에 처해 포획은 엄격히 금지되어 있어요. 다만 바다거북이 자연에 서식하고 있는 남쪽 섬에서는 바다거북 스테이크와 수프가 만찬으로 제공되고 있어요.

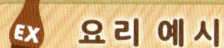
EX 요리 예시

바다거북 스테이크

바다거북 고기는 현재 아주 귀중한 재료예요. 고기뿐만 아니라 알도 식용으로 쓸 수 있지만, 마찬가지로 엄청 귀하죠.

화나면 침을 뱉어요
알파카

털뿐만 아니라 고기도 고품질

귀엽다며 인기가 많아요.

맛있는 정도: 맛있어요!

퀴즈 71
그다지 주목받지 않는 알파카의 발. 이 발에는 어떤 특징이 있을까요?
① 발톱이 있다 ② 육구(발볼록살)가 있다 ③ 발가락 5개가 있다

70의 정답 ③ 허파로 호흡한다 바다거북은 허파로 호흡하기 때문에 숨을 쉴 때 물 위로 머리를 내민다고 해요.

생물 데이터

동물 이름	알파카	두동장	1.2~2m
몸무게	55~65kg	수명	??년
식성	초식		
서식지	안데스산맥	먹는 지역	페루

낙타의 친척으로, 보송보송한 털을 얻기 위해 가축화되었어요. 널리 알려진 건 최근의 일이지만, 전 세계에서는 약 2,500년 이상 전부터 알파카를 길렀다고 해요. 예리한 발톱이나 이빨 등 공격에 적합한 건 갖고 있지 않고 화났을 때는 상대에게 침을 뱉어요. 큰 피해는 없지만, 냄새가 심해요. 더위에 약해서 털을 밀지 않은 채 여름을 맞으면 열중증이 일어난다고 해요.

현지에서는 기념일이나 특별한 날에 먹어요

털을 얻기 위해 많이 기르는 알파카지만 페루 주변에서는 식용으로도 쓰고 있어요. 비린내가 거의 없는 고기가 아주 맛있고 육질이 소고기와 비슷하다고 해요. 참고로 페루에서의 가격대는 높아 고급 식재료로 여겨져요. 스테이크뿐만 아니라 꼬치나 햄버거 등으로도 먹어요.

 요리 예시

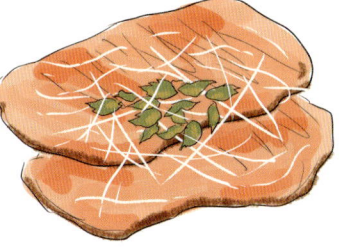

알파카 카르파초

스테이크로 먹는 일이 많지만 카르파초처럼 생고기에 가까운 상태로 먹기도 해요.

배에 있는 주머니에서 새끼를 길러요

캥거루

유럽 | 아시아 · 일본 | 아메리카 · 오세아니아 · 아프리카

의외로 마초라고.

서식지인 오스트레일리아에서는 식용으로

맛있는 정도

맛있어요!

QUIZ 퀴즈 12

오스트레일리아에 서식하는 동물 중 캥거루처럼 주머니에서 새끼를 기르는 동물은 무엇일까요?   ①짧은코가시두더지 ②코알라 ③오리너구리

71의 정답 ②육구(발볼록살)가 있다 알파카는 발톱이 아니라 육구로 몸을 지탱해요.

158

생물 데이터

동물 이름	붉은캥거루	**두동장**	75~140cm
몸무게	수컷 22~85kg, 암컷 17~35kg	**수명**	??년
		식성	초식
서식지	오스트레일리아	**먹는 지역**	오스트레일리아

새끼를 기르기 위한 주머니를 지닌 '유대류' 중에서 가장 몸집이 커요. 새끼 캥거루는 콩알만 한 작은 크기(약 2cm)로 태어나 어미의 주머니 속에서 8개월간 길러져요. 수컷은 암컷을 두고 다툴 때 마치 복서처럼 앞다리를 이용해 싸워요. 점프력이 아주 좋아서 한 번의 점프로 8m, 높이 2m까지 날 수 있어요. 점프로 이동하는 속도는 시속 60km에 달해요.

지방이 새고기의 16분의 1

서식지인 오스트레일리아에서는 일찍이 캥거루를 먹는 행위가 금지되었지만, 1993년에 풀려 현재는 슈퍼 등에서도 팔리고 있어요. 캥거루의 몸은 근육이 울퉁불퉁하고 지방이 적어 건강에 좋아요. 실은 영양도 풍부하다고 알려져 있어요. 전 세계 나라에 오스트레일리아가 수출하고 있어요.

 요리 예시

캥거루 스테이크

캥거루 고기는 '루미트'라고도 불려요. 지방이 적고 건강에 좋아 즐겨 먹는 운동선수도 많아요.

기니피그

반려동물로도 인기

페루에서 사랑받는 '꾸이'

이래 봬도 쥐의 친척이야~.

유럽 / 아시아 / 일본 / 아메리카·오세아니아·아프리카

맛있는 정도 — 맛있어요!

QUIZ 퀴즈 73
다음 중 스위스 법에서 금지하고 있는 것은? ①기니피그를 기르는 행위 ②기니피그를 1마리 기르는 행위 ③기니피그를 2마리 이상 기르는 행위

72의 정답 ②코알라 오스트레일리아에는 그 밖에도 수많은 유대류가 있어요.

생물 데이터

동물 이름 기니피그	**두동장** 20~40cm		
몸무게 0.5~1.5kg	**수명** ??년	**식성** 초식	
서식지 남아메리카 안데스 지방	**먹는 지역** 페루		

얌전한 성격에 반려동물로 인기가 많아요. 조상으로 추정되는 몬태인기니피그의 몸 색깔이 갈색이나 회색인 것에 반해 기니피그는 흰색이나 검은색, 줄무늬 모양 등 다양한 품종이 만들어져 있어요. 여러 부분에서 햄스터와 닮았지만, 기니피그는 꼬리가 없고 운동이 서투르고 앞다리로 먹이를 잡지 못하며 울음소리로 동료를 부르는 특징이 있어요. 또 햄스터는 잡식, 기니피그는 초식으로 식생활 차이가 있어요.

남미 페루의 명물 요리 '꾸이'

페루에는 예로부터 기니피그를 먹는 문화가 있어 일반 가정에서 식용 기니피그를 기르는 일도 드물지 않았다고 해요. 현지에서는 '꾸이'라고 부르며 소고기나 돼지고기보다 비싼 식재료예요. 비린내가 없고 새고기 같아서 맛있다고 해요. 경사 때나 파티 등 특별한 날에 먹는 경우가 많아요.

EX 요리 예시

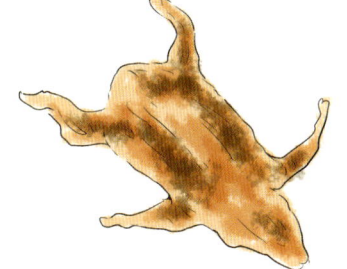

기니피그 통구이

페루의 기니피그는 일반적으로 알고 있는 기니피그에 비해 몸이 크지만, 실제로 먹을 수 있는 부위는 많지 않아요.

예전에는 일본에도 서식했던
말코손바닥사슴

> 사나이라면 싸워야지!

맛있는 정도: 그럭저럭!

숲속의 너무 큰 임금님

QUIZ 퀴즈 74
사슴은 오래된 뿔을 어떻게 교환할까요? ① 때가 되면 자연스레 떨어진다
② 동료에게 뽑아 달라 한다 ③ 딱딱한 물체에 부딪쳐 부순다

73의 정답 ② 기니피그를 1마리 기르는 행위 스위스에서는 원래 무리로 생활하는 동물을 한 마리만 기르는 행위는 금지되어 있어요.

생물 데이터

- **동물 이름**: 말코손바닥사슴
- **두동장**: 2.4~3.1m
- **몸무게**: 200~830kg
- **수명**: ??년
- **식성**: 나뭇잎, 수초
- **서식지**: 유라시아 북부, 북아메리카 북부
- **먹는 지역**: 캐나다, 스웨덴

사슴류로 커다란 몸과 커다란 뿔이 특징이에요. 뿔은 수컷에게만 있으며 최대 2m 이상 자라요. 수컷끼리는 이 뿔을 부딪쳐 싸우는데, 뿔 모양이 복잡해 엉켜서 그대로 죽어 버리는 경우도 있다고 해요. 또한, 뿔은 매년 새로 자라 나이가 많아질수록 커지며 가지의 수도 늘어나요. 이런 거대 생물이 예전에는 일본에도 서식했다고 하며, 가나가와현이나 기후현 등에서도 화석이 발견되었어요.

고기는 식용으로, 가죽은 옷 등으로 쓰여요

일본의 경우 사슴을 먹지만, 말코손바닥사슴 고기는 유통되고 있지 않아요. 캐나다에서는 이 거대 사슴을 '엘크'라고 부르며 예로부터 식용으로 삼은 문화가 전해 내려오고 있어요. 고기는 야성미가 강하고 겉모습대로 와일드한 맛이 난다고 해요. 고기뿐만 아니라 뿔도 한방약 재료로 이용되고 있어요. 스웨덴 등에서도 말코손바닥사슴을 먹고 있어요.

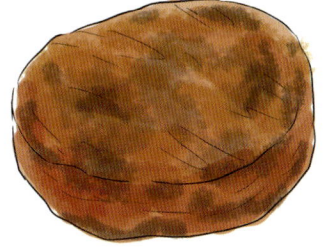

EX 요리 예시

말코손바닥사슴 햄버그스테이크

선주민 시절부터 캐나다 사람들을 지탱해 온 말코손바닥사슴의 고기. 스테이크나 햄버그스테이크로 먹어요.

진짜 이름은 아메리카들소

버펄로

아메리카를 상징하는 동물

소지만 돼지 같은 울음소리야.

유럽 / 아시아 / 일본 / 아메리카·오세아니아·아프리카

맛있는 정도
맛있어요!

퀴즈 75 들소는 1톤에 달하는 거대 소예요. 그럼 반대로 세계에서 가장 작은 소과 동물은 몇 킬로그램 정도일까요? ①약 3kg ②약 30kg ③약 300kg

74의 정답 ①때가 되면 자연스레 떨어진다 사슴의 뿔은 봄이 되면 자연스레 툭 떨어져요.

생물 데이터

동물 이름 아메리카들소	**몸통장** 2~3.5m		
몸무게 500~1,000kg	**수명** ??년	**식성** 초식	
서식지 북아메리카	**먹는 지역** 아메리카		

아메리카나 캐나다 초원에 서식하는 소의 일종이에요. 머리가 크고 그것을 지탱하기 위해 어깨 근육이 발달해 있어요. 목도리라도 두른 것처럼 목 주변에 덥수룩한 털이 나 있어요. 옛날에는 6천만 마리가량이 서식했지만, 사람의 손에 의해 일시적으로 몇백 마리까지 줄었어요. 현재는 보호 활동으로 몇십만 마리까지 수를 회복했어요. 소에 속하지만 '음머~' 하고 울지 않고 돼지처럼 코로 '쿵쿵' 울어요.

아메리카에서 식용으로 주목받고 있어요

버펄로는 원래 '물소'라는 의미가 있지만, 지금은 아메리카들소를 가리키는 말로 쓰이는 경우가 많아요. 아메리카 레스토랑에서 버펄로라는 이름이 붙는 메뉴를 찾았다면 그건 아마 아메리카들소 요리일 거예요. 소고기보다 맛있다는 평도 있어요. 저지방에 고단백질인 점도 높은 평가를 받고 있어요.

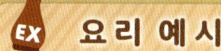

EX 요리 예시

버펄로 햄버거

멸종 위기를 넘은 아메리카들소. 최근에는 식용 아메리카들소를 사육하는 곳도 늘고 있어요.

대부분 둥글게 말지 못해요
아르마딜로

꽤 겁이 많아요~.

맛있는 정도
맛있어요!

육질은 흡사 새고기?
남미의 진수성찬

유럽 · 아시아 · 일본 · 아메리카 · 오세아니아 · 아프리카

QUIZ 퀴즈 76
코끼리와 기린의 수면 시간은 하루 2~3시간이에요. 그럼 아르마딜로의 수면 시간은 몇 시간 정도일까요?   ①약 3시간 ②약 10시간 ③약 18시간

75의 정답 ①약 3kg   꼬마영양이라는 소과 동물은 성체가 되어도 3kg 정도에 불과해요.

생물 데이터

동물 이름	아홉띠아르마딜로	**두동장**	38~57cm
몸무게	3~7kg	**수명**	??년
		식성	곤충, 열매
서식지	북아메리카 남동부에서 남아메리카	**먹는 지역**	브라질, 아르헨티나 등

아르마딜로라고 하면 몸을 둥글게 말아 자신을 보호하는 이미지가 있지만, 깔끔한 공 모양으로 몸을 말 수 있는 종은 극히 일부에 불과해요. 참고로 이 아홉띠아르마딜로도 몸을 둥글게 마는 건 서툴러요. 물가부터 건조한 장소까지, 아르마딜로 중에서도 가장 넓은 지역에 분포하며 서식 개체 수도 많아요. 단독으로 행동하며 영역을 갖지 않아요. 새끼는 보통 네 마리를 낳아요. 공격적이지 않고 사람을 따르기도 한다고 해요.

맛있다고 소문난 아르마딜로 고기

왠지 딱딱할 것 같은 이미지가 있는 아르마딜로지만 서식지인 남미에서는 식용으로 쓰이고 있으며 꽤 맛있다고 해요. 사육하기 쉽고 살이 잘 찌는 특징이 있어 일부러 살을 찌워 먹는 사례도 있다고 해요. 접혀 있는 부위는 젤라틴 형태로, 참치 볼살 같은 맛이라고 해요.

EX 요리 예시

푹 끓인 아르마딜로

아홉띠아르마딜로는 새고기 같은 풍미가 있어 현지에서는 '닭 아르마딜로'라고도 불려요.

털로 덮인 독거미
타란툴라

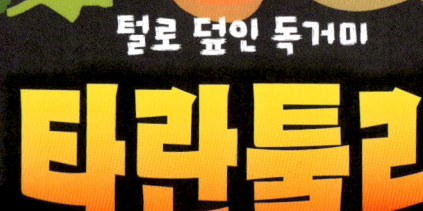

유럽 · 아시아 · 일본

아메리카 · 오세아니아 · 아프리카

캄보디아의 소울 푸드

실은 그렇게 위험하지 않아.

맛있는 정도
맛있어요!

QUIZ 퀴즈 ⑰
거미에게 커피를 주면 어떻게 될까요?
① 잠든다 ② 취한다 ③ 움직임이 빨라진다

⑯의 정답 ③ 약 18시간 아르마딜로의 하루는 대부분 수면 시간이에요.

생물 데이터

- **동물 이름**: 타란툴라
- **몸길이**: 동체 5~11cm, 다리 길이 최대 30cm
- **몸무게**: 최대 85g
- **수명**: 수컷 약 10년, 암컷 약 30~40년
- **식성**: 육식
- **서식지**: 세계의 열대, 아열대, 건조 지역
- **먹는 지역**: 남미, 오스트레일리아, 캄보디아

타란툴라는 대형열대거미과의 거미 수백 종을 의미해요. 대부분이 열대, 아열대, 건조 지역에 서식하고 있다고 해요. 아마 한국과 일본에서 가장 유명한 독거미들이지만, 실제로는 그들이 가진 독은 그리 세지 않아 사람에게 많이 위협적이지는 않아요. 그래서 반려동물로 기르는 경우가 많고 식용으로도 쓰여요. 소위 거미줄로 된 둥지는 짓지 않고 대부분의 타란툴라가 굴에서 생활해요.

맛은 새우나 게와 비슷하다고 해요

남미나 오스트레일리아 등에서 식용으로 쓰이고 있어요. 또 1970년대 캄보디아는 환경이 아주 열악해서 사람들이 살아남기 위해 다양한 생물을 먹었어요. 그중 하나였던 타란툴라는 살이 두껍고 진미라고 여겨져 지금도 명물 요리로 먹고 있어요. 길거리 시장이나 포장마차에서 생으로 튀긴 타란툴라를 맛볼 수도 있어요.

EX 요리 예시

생 타란툴라 튀김

남미에서는 양식으로 여겨진 타란툴라. 현지에서는 지금도 고급 식재의 일종이에요.

어렸을 때 모습 그대로 성장해요

우파루파

옛 일본에서 엄청난 붐이었어요

예전에는 대인기였다고······.

맛있는 정도

맛있어요!

QUIZ 퀴즈 78
다음 중 우파루파가 지닌 엄청난 힘은 무엇일까요?
① 운동 능력　② 학습 능력　③ 재생 능력

77의 정답　② 취한다　커피의 카페인에 의해 취하고 말아요.

생물 데이터

동물 이름	아홀로틀	몸길이	20~30cm
몸무게	56~226g	수명	15년	식성	육식
서식지	멕시코	먹는 지역	멕시코

'아홀로틀' 또는 '멕시코도롱뇽'으로 불려요. 올챙이에서 개구리가 되는 양서류는 변태를 하고, 물에서 육지로 생활 장소를 바꾸는 게 일반적이에요. 하지만 우파루파는 아가미나 지느러미 등 새끼일 때의 특징이 남은 채 성체가 되어 물속에서 계속 생활해요(환경에 따라서는 변태하기도 해요). 이처럼 변태하지 않고 성체가 되는 것을 '네오테니'라고 해요.

일본에서는 인기 많은 반려동물에서 식용 동물로

서식지인 멕시코에서는 예로부터 불로장수를 부르는 생물로 먹었다고 해요. 일본에서도 일부 유통되고 있어요. 1980년대 일본에서 큰 붐이 일어나 반려동물로 많은 가정집에서 우파루파가 번식했어요. 붐이 지나가고 반려동물 인기가 시든 후에도 식용으로의 번식이 이어지고 있어요.

EX 요리 예시

우파루파 가라아게

흰 살 생선처럼 담백한 맛이 나고 식감은 쫄깃해요. 멕시코에서 먹는 종도 엄청 맛있어요.

피 냄새에 반응해요
피라니아

남미에서 낯익은 위험한 강 물고기

평소엔 얌전해요.

맛있는 정도: 맛있어요!

퀴즈 79
먼 옛날 서식했던 피라니아의 조상은 어떤 동물이었을까요?
① 육지에서 살았다 ② 초식이었다 ③ 고래처럼 컸다

유럽 / 아시아 / 일본 / 아메리카·오세아니아·아프리카

78의 정답: ③ 재생 능력 - 손발과 꼬리뿐만 아니라 뇌와 심장도 재생한 사례가 있어요.

생물 데이터

- **동물 이름**: 레드피라니아(피라니아나테리)
- **몸길이**: 35cm
- **몸무게**: 3.9kg
- **수명**: 약 10년
- **식성**: 잡식
- **서식지**: 남미
- **먹는 지역**: 남미

예리한 이빨을 지닌 물고기. '피라니아'라는 이름은 현지어로 '이빨 있는 물고기'라는 의미예요. 영화 등에서는 무서운 '식인 물고기'로 그려지기도 하지만, 실제로는 아주 겁이 많은 성격이라 사람을 포함해 커다란 동물을 공격하는 일은 잘 없어요. 하지만 피 냄새를 맡았거나 수면을 때리는 소리에 의해 흥분한 피라니아 무리는 상대가 말이건 소건 일제히 달려들어 물기 때문에 위험해요.

남미에서는 귀중한 식용 물고기예요

무서운 이미지가 있는 피라니아지만, 현지에서는 당연하게 먹고 있어요. 일본계 사람도 많아서 간장이나 된장을 사용한 요리도 있어요. 조림으로 먹어도 맛있어요. 살코기는 적지만 맛이 좋고 프라이나 뫼니에르, 생선구이 등으로 먹어요. 피라니아 수프도 유명해요. 예리한 피라니아 이빨을 칼 대신에 사용하기도 해요.

EX 요리 예시

피라니아 구이

야생의 강 물고기는 기생충이 있을 위험이 커서 생으로 먹는 건 위험해요. 생선회도 맛은 있겠지만 익혀 먹는 게 좋아요.

두 번째로 키가 큰 새
에뮤

다리가 빠른 게 자랑이에요!

에뮤 고기는 지방이 적어 초 건강해요

맛있는 정도
맛있어요!

퀴즈 80
에뮤는 하늘을 날지 못해요. 그 밖에 에뮤가 할 수 없는 것은 무엇일까요?
① 점프 ② 뒤로 걷기 ③ 달리는 도중에 스스로 멈추는 것

79의 정답 ②초식이었다 길고 긴 세월을 거쳐 초식→잡식으로 진화했다고 해요.

생물 데이터

동물 이름	에뮤	몸높이	180cm
몸무게	40~50kg	수명	??년
서식지	오스트레일리아	먹는 지역	오스트레일리아
식성	풀, 곤충		

조류 중에서는 타조 다음으로 키가 커요. 그만큼 몸무게도 무거워서 하늘을 날지 못하지만, 시속 50km의 속도로 달릴 수 있어요. 알을 덥히고 새끼를 지키는 것은 수컷의 역할이며 수컷은 약 2개월간 먹이를 거의 먹지 않고 새끼를 돌봐요. 알은 짙은 녹색으로 아주 아름다워요. 수컷은 낮게 으렁거리듯 '우오, 우오' 하고 울며 암컷은 마치 드럼을 두드리듯 '도동, 도동' 하고 울어요.

현재 식용으로 주목받고 있어요

에뮤 고기는 고단백, 고철분, 저칼로리예요. 건강한 식재료로 알려진 닭 가슴살보다도 지방이 적고 맛도 나쁘지 않아요. 비린내가 없어서 다양한 요리로 먹을 수 있어요. 타조에 비해 성격이 온화하고 사육하기 쉬워서 최근 식용화가 진행되고 있어요. 겉보기에 신경 쓰이는 녹색 알도 진미라고 해요.

EX 요리 예시

에뮤 스테이크

일본에서도 사육하는 시설이 늘고 있어요. 지금은 타조보다도 먹을 기회가 적지만, 언젠가 역전할지도?

거저리의 유충
밀웜

반려동물들이 좋아하는 그것이 식량난도 해결?

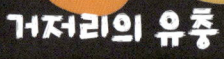

바로 먹이로 쓰이게 돼.

맛있는 정도: 맛있어요!

퀴즈 81
밀웜의 '밀'이라는 단어에는 어떤 의미가 있을까요?
① 생활 ② 식사 ③ 건강

80의 정답 ② 뒤로 걷기 에뮤는 앞으로만 걸을 수 있어요.

생물 데이터

동물 이름 갈색거저리		**몸길이** 유충 2cm, 성충 1.5cm	
몸무게 ??g	**수명** 1년	**식성** 잡식	
서식지 세계 각지	**먹는 지역** 멕시코		

밀웜은 거저리라는 곤충의 유충을 일컫는 말이에요. 한국과 일본에서는 갈색거저리의 유충을 가리키는 경우가 많아요. 유충일 때는 몸이 노란색을 띠고 둥글면서도 가늘고 긴 체형이에요. 무엇이든 먹는 잡식성으로 스티로폼도 먹어 치울 정도예요. 이름 자체는 그리 유명하지 않지만, 소동물의 훌륭한 먹이가 되므로 예로부터 동물원이나 연구소에서 사육했고 반려동물 가게에서도 팔고 있어요.

세계의 식량난을 해결할 식재가 될까요?

동물이나 열대어의 먹이라는 이미지가 있는 밀웜이지만, 곤충 음식계에서는 귀뚜라미에 버금가는 귀중한 식재료로 여겨져요. 영양가가 높은 건 물론 맛이 견과와 비슷해 고소하고 쫀득한 식감도 있어요. 매우 먹기 좋아요. 반려동물의 먹이로 유통되어 온 역사가 있고 대량으로 사육할 수 있는 환경도 갖춰져 있어요.

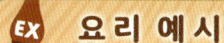 요리 예시

밀웜 프라이

겉은 바삭바삭하고 속은 끈적끈적한 밀웜 프라이. 겉모습에 익숙해지면 아주 먹기 편해요.

날지 못하는 거대 새
타조

생으로도 먹을 수 있는 타조 고기

알도 크다고~.

맛있는 정도

맛있어요!

유럽 · 아시아 · 일본 · 아메리카 · 오세아니아 · 아프리카

QUIZ 퀴즈 82
타조의 알은 아주 커요. 이 알은 최대 몇 kg 무게까지 견딜 수 있을까요? ①10kg ②40kg ③80kg

81의 정답   ②식사. 밀은 '식사', 웜은 '다리 없는 곤충'이라는 의미예요.

생물 데이터

- **동물 이름**: 타조
- **몸높이**: 1.7~2.8m
- **몸무게**: 100~160kg
- **수명**: 30년
- **식성**: 잡식
- **서식지**: 아프리카
- **먹는 지역**: 세계 각지

새 중에서 가장 몸집이 커요. 알도 직경 15cm, 무게 약 1.5kg에 달하는 크기예요. 뇌는 겨우 40g에 불과하고 눈알보다도 작아요. 날 수는 없지만 아주 빠른 속도로 달릴 수 있어요. 또 장거리 달리기도 특기이며 1시간 이상 같은 속도로 달릴 수 있어요. 날개가 검은 건 수컷이고, 회색이 암컷이에요. 색깔이 눈에 띄지 않도록 밤에는 검은 수컷이, 낮에는 회색 암컷이 알을 덮히는 듯해요.

날로 먹어도 괜찮은 건강하고 육즙이 풍부한 고기

타조를 먹는 나라는 많으며, 요즘은 일본에서도 타조 고기가 주목받고 있어요. 붉은 살코기는 육즙이 많고 부드러우며 단맛과 감칠맛이 강해요. 생으로 먹을 수 있는 것도 큰 포인트예요. 지방은 적고 고단백질이며 건강한 점도 좋은 평가를 받고 있어요. 하지만 알은 흰자가 많고 간하지 않으면 먹기 힘들다고 해요.

EX 요리 예시

타조 스테이크

지방이 적은 타조 고기는 열을 너무 가하면 딱딱해지기 쉬워요. 그래서 스테이크 굽기는 레어를 추천해요.

긴 코를 손처럼 사용해요

코끼리

상아를 노리고 반복되는 밀렵

지금은 안 먹어!

맛있는 정도

그럭저럭!

퀴즈 ⓼
긴 코뿐만 아니라 커다란 귀도 특징인 코끼리. 그럼 코끼리의 귀가 큰 건 무엇 때문일까요?   ①하늘을 날기 위해 ②벌레를 쫓기 위해 ③체온을 낮추기 위해

㉘의 정답   ③80kg   금이나 흠집이 없다면 80kg인 사람이 위에 올라타도 부서지지 않아요.

생물 데이터

동물 이름	둥근귀코끼리	**두동장**	4~6m
몸무게	2.7~6t	**수명**	??년
		식성	초식
서식지	아프리카 서부와 중앙부	**먹는 지역**	카메룬

사람 눈에 띄지 않는 숲속에서 10마리까지 작은 무리를 짓고 생활해요. 아프리카코끼리 등에 비하면 몸집이 작고 귀도 작지만, 그 덕분에 무성한 나무숲을 편하게 지나다닐 수 있어요. 이빨은 휘지 않았으며 밑으로 뻗어 있어요. 나뭇잎이나 열매를 먹고 미네랄이 필요하면 소금이 함유된 땅을 핥아요. 상아를 목적으로 한 밀렵 때문에 개체 수가 크게 줄어, 이대로라면 가까운 시일 내에 멸종할 위험이 있어요.

점점 모습을 감추고 있는 둥근귀코끼리

예전에는 아프리카에서 먹었지만, 현재 멸종 위기에 처해 둥근귀코끼리를 수렵하는 행위는 법으로 금지되어 있어요. 하지만 사실 둥근귀코끼리는 상아를 목적으로 계속 사냥당하며, 남은 사체로부터 현지인들이 고기를 얻어 돌아가는 풍경이 일상이 됐어요.

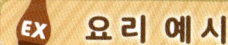

EX 요리 예시

둥근귀코끼리 볶음

인류는 먼 옛날부터 매머드 등의 코끼리를 길러 왔지만, 그것은 먹기 위해서였고 상아를 노린 건 아니었어요.

집 짓기 전문가
비버

유럽 · 아시아 · 일본 · 아메리카 · 오세아니아 · 아프리카

납작한 꼬리가 진미라는 소문

우리는 숲의 건축가!

맛있는 정도
그럭저럭!

QUIZ 퀴즈 84
비버의 울음소리는 어떤 소리일까요?
① 깍-깍- ② 우-우- ③ 비-비-

83의 정답 ③체온을 낮추기 위해 귀를 펄럭여서 체온을 낮춰요.

생물 데이터

동물 이름	아메리카비버	**두동장**	60~80cm
몸무게	12~25kg	**수명**	??년
		식성	초식
서식지	북아메리카	**먹는 지역**	캐나다, 아메리카

나뭇가지나 흙을 쌓아 올려 물의 흐름을 막고 초원이나 숲속에 길이 100m에 달하는 거대한 댐(연못)을 지어요. 그리고 그 중심에는 돔 모양의 둥지를 만들어요. 둥지 자체는 나뭇가지나 진흙을 쌓아 올려 물 위에 짓지만, 입구는 물속에 있어 적이 들어오지 못하는 구조로 해요. 뒷발에는 물갈퀴가 있어 헤엄치는 게 특기예요. 15분 이상 잠수할 수도 있어요. 몸의 털은 기름으로 덮여 있어서 금방 마른다고 해요. 앞니는 오렌지색이에요.

흙냄새가 꽤 심하다고 해요

강에 사는 비버의 고기는 비린내가 아주 심해 그리 평가가 좋지 않아요. 하지만 부채처럼 넓적한 꼬리는 끈적끈하고 맛도 좋아서 일본 사람 입맛에도 잘 맞는다고 해요. 유럽의 리투아니아에서는 비버 건포도 조림을 와인과 함께 즐기는 문화가 있지만, 그 맛은 비유하자면 '탁한 강물에 사는 잉어 맛' 같다고 해요.

EX 요리 예시

비버 꼬리 구이

적이 다가오면 수면에 꼬리를 부딪쳐 동료에게 알리는 비버. 꼬리의 비늘 밑에는 흰 살코기가 숨겨져 있어요.

전 세계의 여러 가지 동물과 물고기를 먹어 본 시라이시 씨에게 물어봤다!

맛있었던 생물과 맛없었던 생물

▲아마존강에 서식하는 갑옷메기. 맛있다고 해요.

3년에 걸쳐 세계 여행을 떠난 시라이시 씨. 100개국 이상을 돌며 각국에서 일본인의 감각으로는 상상할 수 없는 생물을 먹어 왔다고 해요.

시라이시 씨 : 음식에 굉장히 흥미가 많았어요. 채소, 과일, 고기…… 잘 모르는 식재료를 먹어 보고 싶었죠. 요약하자면 먹보였던 셈이죠. 하하.

인상에 남았던 생물은 뭐였나요?

시라이시 씨 : 브라질에서 먹은 갑옷메기(일본명)와 피라니아예요. 갑옷메기는 된장국으로 먹었어요. 갑옷처럼 거칠거칠하고 딱딱한 비늘에 덮인 고대어(魚)라는 느낌의 물고기인데, 냄비에 넣고 휘저으니 음식이라고는 생각되지 않는 '덜그럭덜그럭' 하는 금속음이 들렸죠. 삶기 전에는 살은 오렌지색이고 간은 새빨개서 아주 기분 나빴지만, 엄청나게 맛있었어요! 아보카도처럼 부드럽고 차진 식감에 농후한 맛이었어요. 피라니아는 구우니 담백하고 농어와 비슷한 맛이 났어요. 남미에는 일본계 사람도 많이 살고 있어서 간장과 된장을 사용한 요리가 각지에 있기도 해요. 조림으로 먹어도 맛있었어요.

그 밖에는 이집트에서 먹은 낙타가 있네요. 저는 넓적다리를 꼬치구이로 만들어서 먹었어요. 살코기가 많고 지방은 적어서 사슴 고기 같았어요. 혹 부분은 기름진 느낌이지만, 현지인들은 레스토랑 등에서 아무렇지 않게 먹는 듯해요.

84의 정답 ②우-우- 비버의 울음소리는 '우-우-'나 '무-무-'로 들려요.

아르마딜로는 돼지고기 가쿠니(조림)처럼 진한 맛이었고, 비버는 흙탕물 맛이었어요. 투구게는 거미에 가까운 생물이지만 이름 때문에 게라고 착각해서(웃음) 분명 맛있을 거라 생각했는데, 노란색 알은 두부처럼 부드러웠지만 비린내가 심해서 다시는 먹고 싶지 않네요.

일본인이 당연하게 먹는 것 중에서, 전 세계 사람들이 '믿을 수 없어!'라고 생각하는 생물이 있나요?

시라이시 씨 : 중동 사람들은 문어를 싫어해요. 유럽에서는 "일본인은 고래나 돌고래를 먹어?" 하는 반응이었어요. 말을 먹는 것도 충격적이라네요. 유럽 사람들에게 있어 말은 반려동물이니까요. 개나 고양이를 먹는 이미지가 있다고도 들었어요. (말고기를 생으로 먹는) '바사시' 같은 걸 말해 주면 분명 뒤집어지겠죠.

이색적인 고기를 먹는다면, 어떤 요리를 추천하시나요?

시라이시 씨 : 악어가 최고라고 생각해요. 악어는 사실 전 세계에서 식재료로 아주 대중적인 생물이에요. 부위에 따라 전혀 맛이 다른데, 가장 추천하는 건 꼬리예요. 샤부샤부로 만들어서 조미 국물에 넣어 먹으면 엄청 맛있죠. 기름기가 있는 부분은 혀 위에서 살살 녹아요.

악어 고기는 인터넷으로도 손에 넣을 수 있는 것 같으니 여러분도 한번 먹어 보는 건 어떨까요?

시라이시 씨가 먹은 맛있었던 고기 순위

1위 아르마딜로

2위 순록

3위 오소리

시라이시 아즈사

작가 & 사진사. 기자 생활을 거쳐, 3년간 전 세계 여행으로 다양한 동물 고기를 먹었다. 저서로 『전 세계의 이상한 고기』(신조 문고), 『사사이 슈레이, 인도에 웃다』(문예춘추)가 있다.

185

곤충으로 만든 초콜릿, 쿠키, 스낵을 주스 사듯이 살 수 있다고!?

곤충 음식을 자판기에서 팔고 있다고!?

▲ 가장 인기가 높은 '믹스 벅스'와 번데기를 초콜릿으로 코팅한 '초콜릿 실크 웜'.

 최근 식량난을 해결하기 위한 일환책으로 '곤충식'이 주목받고 있어요. 그런 곤충 음식의 자판기가 일본에 있다는 걸 알고 있나요? 이 자판기를 취급하는 회사, 티아이에스의 콘도 씨에게 얘기를 들어 봤어요.

 "우리 회사는 코인 로커를 주로 만드는 공간 컨설팅업이지만, 2년 정도 전 거래처 상담 중에 '곤충식이 크게 주목받고 있다'라는 이야기를 들었어요. 거기서 재미있는 판매 방법이 없을까 생각하다 식품 자판기를 만들기로 했죠."

 이 곤충식 자판기는 예상을 크게 뛰어넘는 반향을 불러일으켜 현재는 도쿄 우에노 아메요코 센터 빌딩 등 여러 장소에 설치되어 있다고 해요. 참고로 인기 1위 상품은 유충, 번데기, 성충이 섞인 '믹스 벅스'라고 하네요.

 "우리는 '적은 자원이나 인간의 수고를 거치지 않고 자라는 곤충을 먹는 건 지구 환경을 지키는 데 공헌하는 행동'이라고 생각해요. 음식의 종류가 늘어나는 것으로 다양한 발견도 가능해요."

 건강, 환경, 사회, 경제에도 도움이 되는 점이 있다는 곤충식. 여러분의 가정 식탁에 올라오는 날이 머지않았을지도요!?

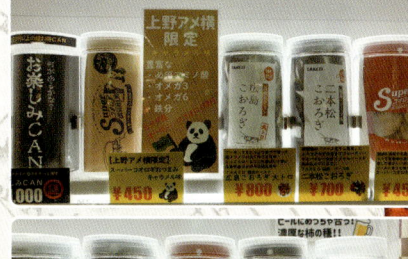

[취재 협력] 티아이에스(TIS)
http://www.t-i-s.in/

지금까지 이야기를 들려준 티아이에스에서는 도쿄 우에노 아메요코 센터 빌딩은 물론, 우에노 아메요코 플라자, 나가노 브로드웨이, 시즈오카 진즈 숍, OSADA 동시즈오카점에 곤충 자판기를 설치했다고 해요.

먹을 수 있는 곤충 전문점도 있어요!

곤충식 전문 회사 TAKEO에서는 실제 가게나 인터넷에서도 곤충 음식을 살 수 있어요!

누에 양과자 번데기 쿠키
땅콩 같은 누에 번데기의 독특한 풍미가 땡긴다면!?
420엔.

물장군 사이다
200ml
물장군이 지닌 과일 향을 충실하게 재현한 신감각 음료!
480엔.

극동전갈 초콜릿 2개입
초콜릿으로 코팅된 인기 톱 상품이라고 해요.
1480엔.

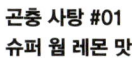

곤충 사탕 #01 슈퍼 웜 레몬 맛
레몬 맛 곤충 사탕이에요. 장인이 한 땀 한 땀 수제로 만들고 있다네요.
680엔.

청년의 거리 시부야에 있는 새와 짐승, 곤충 이자카야 '쌀과 서커스'에서는 사슴이나 멧돼지, 곰 등의 국내산 지비에는 물론 캥거루나 낙타, 악어 등 해외의 진귀한 동물 고기를 먹을 수 있어요. 부위는 넓적다리나 등심이 중심이지만 부정기적으로 뇌를 먹을 수 있는 '번뇌 축제' 등의 페어도 열려요. 동물 고기 이외에는 메뚜기나 물장군, 대나무 벌레 같은 곤충 요리도 제공하고 있어요.

본모습을 살려서 조리!

분하지만 맛있어 보이는걸!

　　비린내 강한 고기는 다지거나 흉측해 보이는 곤충은 분말로 조리하면 먹기 쉽지만, 이곳을 찾는 손님은 겉으로 보이는 모습도 기대해요. 그래서 원래 모습 그대로 맛있게 먹을 수 있도록 고민해서 조리하죠. 이를테면 동물 고기는 힘줄을 정성스레 잘라 먹기 쉽게 하고, 보존할 때도 드립(피나 체액)에 장시간 담그면 잡내가 강해져 버리므로 특별한 시트를 깔아서 냄새가 심해지지 않도록 해요.

가 게 정 보

 쌀과 서커스 시부야 PARCO점

[홈페이지]
https://asia-tokyo-world.com/store/
kome-to-circus-parco/

[가게로부터의 메시지]
'신기한 음식을 먹는다'는 체험을 통해 전 세계의 식문화를 알고 두근거리는 마음을 느껴 보세요!

겉모습은 저래도 먹으면 맛있어!

    먹은 것은 인기 메뉴 '악어 다리 통구이'와 '곤충식 6종 세트'. 악어는 새고기처럼 담백한 맛이지만 새고기보다 살이 질기고 탄력 있는 식감이었어요. 곤충은 메뚜기 츠쿠다니가 밥과 잘 어울렸고 생으로 튀긴 물방개는 볶은 콩처럼 가벼운 식감. 그리고 이번에 가장 놀라운 건 물장군이었어요. 입에 넣으니 과일 향이 퍼졌는데, 이건 수컷 특유의 페로몬이라고 해요.

YABAI KEDO OISHII!? SEIBUTSU ZUKAN
ⓒ ETSUO NARUSHIMA 2021
Originally published in Japan in 2021 by SEKAIBUNKA Publishing Inc.,TOKYO.
translation rights arranged with SEKAIBUNKA Publishing Inc.,TOKYO,
through TOHAN CORPORATION, TOKYO and Enters Korea Co.,Ltd.. SEOUL.

이 책의 한국어판 저작권은 ㈜엔터스코리아를 통해 저작권자와 독점 계약한 루덴스미디어㈜에 있습니다.
저작권법에 의하여 한국 내에서 보호를 받는 저작물이므로 무단 전재 및 복제를 금합니다.

감수 나루시마 에츠오

1949년 도치기현 출생. 도쿄농공대학 졸업. 우에노 동물원, 타마 동물 공원의 동물 병원 근무 등을 거쳐 이노가시라 자연 문화원 원장, 일본 수의 생명과학 대학 객원 교수를 맡았다. 일본 야생 동물 의학회 평의원을 역임했다. 공익사단법인 일본 동물원 수족관협회 전무 이사. 저서로 『희귀한 동물 도감』(해피아울사) 등, 『소학관 도감 NEO』 시리즈(소학관) 등의 감수도 맡았다.

역자 나정환

고려대학교 생명과학과를 졸업하고 서울대학교에서 뇌과학을 연구하고 있다. 일본 문화에 흥미를 느껴 자연스럽게 일본어를 공부하게 되었고, 우연한 기회를 통해 번역 일을 시작하게 되었다. 번역한 책으로는 『더 엉뚱한 동물 총집합』, 『난 억울해요!』, 『난 진짜예요!』, 『깜짝 놀랄 심해 생물 백과』, 『깜짝 놀랄 독 생물 백과』, 『생물의 엄청난 집 도감』(코믹컴), 『움직이는 도감 MOVE 식물』(루덴스미디어) 등이 있다.

- 집필   사이토 쇼타 (유니호소)
- 교정   문자공방 산코
- 편집부   핫토리 리에코
- 일러스트 오카모토 토모유키
- 편집   후지모토 코이치(가이하츠사), 오츠키 카즈히로(가이하츠사), 야나기사와 세이치로(가이하츠사)
- 사진   Shutterstock, PIXTA
- 디자인   스기모토 류이치로(가이하츠사), 오타 토시히로(가이하츠사)

코믹컴 비주얼 사이언스 백과❻ 깜짝 놀랄 별미 생물 백과

감수 나루시마 에츠오
역자 나정환
찍은날 2021년 12월 23일 초판 1쇄
펴낸날 2021년 12월 31일 초판 1쇄
펴낸이 홍재철
편집 이호경
디자인 신용진
마케팅 황기철·안소영
펴낸곳 루덴스미디어(주)
주소 경기도 고양시 일산동구 무궁화로
       43-55, 604호(장항동, 성우사카르타워)
전화 031)912-4292 | **팩스** 031)912-4294
홈페이지 http://www.ludensmedia.co.kr
등록 번호 제 396-32100002510020080000001호
등록 일자 2008년 1월 2일
ISBN 979-11-88406-99-9 74490
ISBN 979-11-88406-00-5(세트)

결함이 있는 책은 구입하신 곳에서 바꾸어 드립니다.
값은 뒤표지에 있습니다.